Jean-Jacques Rousseau

LES RÊVERIES

D'UN

PROMENEUR

SOLITAIRE

ILLUSTRATIONS DE

MAXIMILIEN VOX

A PARIS

Chez LEMERCIER, Libraire

5, Place Victor-Hugo

M.C.M.XXV

LES RÊVERIES

D'UN

PROMENEUR SOLITAIRE

Exemplaire sur papier de Montgolfier (vélin)

N°

Jean-Jacques Rousseau

LES RÊVERIES

D'UN

PROMENEUR

SOLITAIRE

ILLUSTRATIONS DE
MAXIMILIEN VOX

A PARIS

Chez LEMERCIER, Libraire

5, Place Victor-Hugo

M.C.M.XXV

A M. DUCLOS,

*Historiographe de France,
l'un des quarante de l'Académie Française,
et de celle des Belles-Lettres.*

Souffrez, Monsieur, que votre nom soit à la tête de cet ouvrage, qui, sans vous, n'eût point vu le jour. Ce sera ma première et unique dédicace : puisse-t-elle vous faire autant d'honneur qu'à moi !

Je suis de tout mon cœur, Monsieur, votre très humble et très obéissant serviteur.

J.-J. ROUSSEAU.

PREMIERE PROMENADE

E voici donc seul sur la terre, n'ayant plus de frère, de prochain, d'ami, de société que moi-même. Le plus sociable et le plus aimant des humains en a été proscrit par un accord unanime. Ils ont cherché, dans les raffinements de leur haine, quel tourment pouvait être le plus cruel à mon âme sensible, et ils ont brisé violemment tous les liens qui m'attachaient à eux. J'aurais aimé les hommes en dépit d'eux-mêmes ; ils n'ont pu, qu'en cessant de l'être, se dérober à mon affection. Les voilà donc étrangers, inconnus, nuls enfin pour moi, puisqu'ils l'ont voulu. Mais moi, détaché d'eux et de tout, que suis-je moi-même ? Voila ce qui me reste à chercher. Malheureusement cette recherche doit être précédée d'un coup d'œil sur ma position : c'est une idée par laquelle il faut nécessairement que je passe pour arriver d'eux à moi.

Depuis quinze ans et plus que je suis dans cette étrange position, elle me paraît encore un rêve. Je m'imagine toujours qu'une indigestion me tourmente, que je dors d'un mauvais sommeil, et que je vais me réveiller, bien soulagé de ma peine, en me retrouvant avec mes amis. Oui sans doute, il faut que j'aie fait, sans que je m'en aperçusse, un saut de la veille au sommeil, ou plutôt de la vie à la mort. Tiré, je ne sais comment, de l'ordre des choses, je me suis vu précipité dans un chaos incompréhensible, où je n'aperçois rien du tout ; et plus je

pense à ma situation présente, et moins
je puis comprendre où je suis.

Eh ! comment aurai-je pu prévoir le destin qui m'attendait ? comment le puis-je concevoir encore aujour-
d'hui que j'y suis livré ? Pouvais-je, dans
mon bon sens, supposer qu'un jour moi, le
même homme que j'étais, le même que je
suis encore, je passerais, je serais tenu,
sans le moindre doute, pour un monstre,
un empoisonneur, un assassin ; que je
deviendrais l'horreur de la race humaine,
le jouet de la canaille ; que toute la salutation que me feraient les passants serait
de cracher sur moi ; qu'une génération
tout entière s'amuserait d'un accord
unanime à m'enterrer tout vivant ?
Quant cette étrange révolution se fit,
pris au dépourvu, j'en fus d'abord boule-
versé. Mes agitations, mon indignation
me plongèrent dans un délire qui n'a
pas eu trop de dix ans pour se calmer ;
et, dans cet intervalle, tombé d'erreur
en erreur, de faute en faute, de sottise
en sottise, j'ai fourni, par mes impru-
dences, aux directeurs de ma destinée,

autant d'instruments qu'ils ont habilement mis en œuvre pour la fixer sans retour.

Je me suis débattu longtemps aussi violemment que vainement. Sans adresse, sans art, sans dissimulation, sans prudence, franc, ouvert, impatient, emporté, je n'ai fait, en me débattant, que m'enlacer davantage, et leur donner incessamment de nouvelles prises qu'ils n'ont eu garde de négliger. Sentant enfin tous mes efforts inutiles, et me tourmentant à pure perte, j'ai pris le seul parti qui me restait à prendre, celui de me soumettre à ma destinée, sans plus regimber contre la nécessité. J'ai trouvé dans cette résignation le dédommagement de tous mes maux, par la tranquillité qu'elle me procure, et qui ne pouvait s'allier avec le travail continuel d'une résistance aussi pénible qu'infructueuse.

Une autre chose a contribué à cette tranquillité. Dans tous les raffinements de leur haine, mes persécuteurs en ont omis un que leur animosité leur a fait oublier ; c'était d'en graduer si

bien les effets, qu'ils pussent entretenir
et renouveler mes douleurs sans cesse,
en me portant toujours quelque nouvelle
atteinte. S'ils avaient eu l'adresse de me
laisser quelque lueur d'espérance, ils me
tiendraient encore par là. Ils pourraient
faire encore de moi leur jouet par quelque faux leurre, et me navrer ensuite
d'un tourment toujours nouveau par
mon attente déçue. Mais ils ont d'a-
vance épuisé toutes leurs ressources ;
en ne me laissant rien, ils se sont tout
ôté à eux-mêmes. La diffamation, la
dépression, la dérision, l'opprobre dont
ils m'ont couvert ne sont pas plus sus-
ceptibles d'augmentation que d'adoucis-
sement ; nous sommes également hors
d'état, eux de les aggraver, et moi de
m'y soustraire. Ils se sont tellement
pressés de porter à son comble la mesure
de ma misère, que toute la puissance
humaine, aidée de toutes les ruses de
l'enfer, n'y saurait plus rien ajouter. La
douleur physique elle-même, au lieu
d'augmenter mes peines, y ferait diversion. En m'arrachant des cris, peut-être

elle m'épargnerait des gémissements, et
les déchirements de mon corps suspen-
draient ceux de mon cœur.

Qu'ai-je encore à craindre d'eux, puisque tout est fait ? Ne pouvant plus empirer mon état, ils ne sauraient plus m'ins-
pirer d'alarmes. L'inquiétude et l'effroi
sont des maux dont ils m'ont pour jamais
délivré : c'est toujours un soulagement.
Les maux réels ont sur moi peu de prise ;
je prends aisément mon parti sur ceux
que j'éprouve, mais non pas sur ceux
que je crains. Mon imagination effarouchée les combine, les retourne, les étend
et les augmente. Leur attente me tourmente cent fois plus que leur présence,
et la menace m'est plus terrible que le
coup. Sitôt qu'ils arrivent, l'événement,
leur ôtant tout ce qu'ils avaient d'imaginaire, les réduit à leur juste valeur. Je
les trouve alors beaucoup moindres que
je me les étais figuré ; et même, au milieu
de ma souffrance, je ne laisse pas de me
sentir soulagé. Dans cet état, affranchi
de toute nouvelle crainte et délivré de
l'inquiétude, de l'espérance, la seule

habitude suffira pour me rendre de jour en jour plus supportable une situation que rien ne peut empirer ; et, à mesure que le sentiment s'en émousse par la durée, ils n'ont plus de moyens pour le ranimer. Voilà le bien que m'ont fait mes persécuteurs, en épuisant sans mesure tous les traits de leur animosité. Ils se sont ôté sur moi tout empire, et je puis désormais me moquer d'eux.

Il n'y a pas deux mois encore qu'un plein calme est rétabli dans mon cœur. Depuis longtemps je ne craignais plus rien, mais j'espérais encore ; et cet espoir tantôt bercé, tantôt frustré, était une prise par laquelle mille passions diverses ne cessaient de m'agiter. Un événement aussi triste qu'imprévu vient enfin d'effacer de mon cœur ce faible rayon d'espérance et m'a fait voir ma destinée fixée à jamais sans retour ici-bas. Dès lors, je me suis résigné sans réserve et j'ai retrouvé la paix.

Sitôt que j'ai commencé d'entrevoir la trame dans toute son étendue, j'ai perdu pour jamais l'idée de ramener de

mon vivant le public sur mon compte ;
et même ce retour, ne pouvant plus être
réciproque, me serait désormais bien
inutile. Les hommes auraient beau revenir à moi, ils ne me retrouveraient plus.
Avec le dédain qu'il m'ont inspiré, leur
commerce me serait insipide et même à
charge ; et je suis cent fois plus heureux
dans ma solitude que je ne pourrais l'être
en vivant avec eux. Ils ont arraché de
mon cœur toutes les douceurs de la
société. Elles n'y pourraient plus germer
derechef à mon âge : il est trop tard.
Qu'ils me fassent désormais du bien ou
du mal, tout m'est indifférent de leur
part, et, quoi qu'ils fassent, mes contemporains ne seront jamais rien pour moi.

Mais je comptais encore sur l'avenir,
et j'espérais qu'une génération meilleure,
examinant mieux et les jugements
portés par celle-ci sur mon compte, et
sa conduite avec moi, démêlerait aisément l'artifice de ceux qui la dirigent, et
me verrait enfin tel que je suis. C'est cet
espoir qui m'a fait écrire mes *Dialogues*
et qui m'a suggéré mille folles tentatives

pour les faire passer à la postérité. Cet espoir, quoique éloigné, tenait mon âme dans la même agitation que quand je cherchais encore dans le siècle un cœur juste ; et mes espérances que j'avais beau jeter au loin, me rendaient également le jouet des hommes aujourd'hui. J'ai dit dans mes *Dialogues* sur quoi je fondais cette attente. Je me trompais. Je l'ai senti par bonheur assez à temps pour trouver encore, avant ma dernière heure, un intervalle de pleine quiétude et de repos absolu. Cet intervalle a commencé à l'époque dont je parle, et j'ai lieu de croire qu'il ne sera plus interrompu.

Il se passe bien peu de jours, que de nouvelles réflexions ne me confirment combien j'étais dans l'erreur de compter sur le retour du public, même dans un autre âge ; puisqu'il est conduit, dans ce qui me regarde, par des guides, qui se renouvellent sans cesse dans les corps qui m'ont pris en aversion. Les particuliers meurent, mais les corps collectifs ne meurent point. Les mêmes passions s'y perpétuent, et leur haine ardente, immortelle comme le démon qui l'inspire, a toujours la même activité. Quand tous mes amis particuliers seront morts, les médecins, les oratoriens vivront encore ; et, quand je n'aurais pour persécuteurs que ces deux corps-là, je dois être sûr qu'ils ne laisseront pas plus de paix à ma mémoire après ma mort qu'ils n'en laissent à ma personne de mon vivant. Peut-être, par trait de temps, les médecins, que j'ai réellement offensés, pourraient-ils s'apaiser : mais les oratoriens, que j'aimais, que j'estimais, en qui j'avais toute confiance, et que je n'offensai jamais ; les oratoriens, gens d'Eglise et demi-moines, seront à jamais implacables ; leur propre iniquité fait mon crime, que leur amour-propre ne me pardonnera jamais ; et le public, dont ils auront soin d'entretenir et ranimer l'animosité sans cesse, ne s'apaisera pas plus qu'eux.

Tout est fini pour moi sur la terre : on ne peut plus m'y faire ni bien ni mal. Il ne me reste plus rien à espérer ni à craindre en ce monde, et m'y voilà tranquille au fond de l'abîme, pauvre mortel infortuné, mais impassible comme Dieu même.

Tout ce qui m'est extérieur m'est étranger désormais. Je n'ai plus, en ce monde, ni prochain, ni semblables, ni frères. Je suis sur la terre comme dans une planète étrangère, où je serais tombé de celle que j'habitais. Si je reconnais autour de moi quelque chose, ce ne sont que des objets affligeants et déchirants pour mon cœur ; et je ne peux jeter les yeux sur ce qui me touche et m'entoure sans y trouver toujours quelque sujet de dédain qui m'indigne, ou de douleur qui m'afflige. Ecartons donc de mon esprit tous les pénibles objets dont je m'occuperais aussi douloureusement qu'inutilement. Seul pour le reste de ma vie, puisque je ne trouve qu'en moi la consolation, l'espérance et la paix, je ne dois ni ne veux plus m'occuper que de moi. C'est dans cet état que je reprends la suite de l'examen sévère et sincère que j'appelai jadis mes *Confessions*. Je consacre mes derniers jours

à m'étudier moi-même et à préparer
d'avance le compte que je ne tarderai
pas à rendre de moi. Livrons-nous tout
entier à la douceur de converser avec
mon âme, puisqu'elle est la seule que
les hommes ne puissent m'ôter. Si, à
force de réfléchir sur mes dispositions
intérieures, je parviens à les mettre en
meilleur ordre et à corriger le mal qui
peut y rester, mes méditations ne seront
pas entièrement inutiles, et, quoique je
ne sois plus bon à rien sur la terre, je
n'aurai pas tout à fait perdu mes derniers jours. Les loisirs de mes promenades journalières ont souvent été remplis
de contemplations charmantes dont j'ai
regret d'avoir perdu le souvenir. Je
fixerai par l'écriture celles qui pourront
me venir encore ; chaque fois que je les
relirai m'en rendra la jouissance. J'oublierai mes malheurs, mes persécuteurs,
mes opprobres, en songeant au prix
qu'avait mérité mon cœur.

Ces feuilles ne seront proprement
qu'un informe journal de mes rêveries.
Il y sera beaucoup question de moi,

parce qu'un solitaire qui réfléchit s'occupe nécessairement beaucoup de lui-même. Du reste, toutes les idées étrangères qui me passent par la tête en me promenant y trouveront également leur place. Je dirai ce que j'ai pensé tout comme il m'est venu, et avec aussi peu de liaison que les idées de la veille en ont d'ordinaire avec celles du lendemain. Mais il en résultera toujours une nouvelle connaissance de mon naturel et de mon humeur, par celle des sentiments et des pensées dont mon esprit fait sa pâture journalière dans l'étrange état où je suis. Ces feuilles peuvent donc être regardées comme un appendice de mes *Confessions* ; mais je ne leur en donne plus le titre, ne sentant plus rien à dire qui puisse le mériter. Mon cœur s'est purifié à la coupelle de l'adversité, et j'y trouve à peine, en le sondant avec soin, quelque reste de penchant répréhensible. Qu'aurais-je encore à confesser, quand toutes les affections terrestres en sont arrachées ? Je n'ai pas plus à me louer qu'à me blâmer ;

je suis nul désormais parmi les hommes, et c'est tout ce que je puis être, n'ayant plus avec eux de relation réelle, de véritable société. Ne pouvant plus faire aucun bien qui ne tourne à mal, ne pouvant plus agir sans nuire à autrui ou à moi-même, m'abstenir est devenu mon unique devoir, et je le remplis autant qu'il est en moi. Mais, dans ce désœuvrement de corps, mon âme est encore active, elle produit encore des sentiments, des pensées, et sa vie interne et morale semble encore s'être accrue par la mort de tout intérêt terrestre et temporel. Mon corps n'est plus pour moi qu'un embarras, qu'un obstacle, et je m'en dégage d'avance autant que je puis.

Une situation si régulière mérite assurément d'être examinée et décrite, et c'est à cet examen que je consacre mes derniers loisirs. Pour le faire avec succès, il y faudrait procéder avec ordre et méthode ; mais je suis incapable de ce travail, et même il m'écarterait de mon but, qui est de me rendre compte des modifications de mon âme et de leurs successions. Je ferai sur moi à quelque égard les opérations que font les physiciens sur l'air pour en connaître l'état journalier. J'appliquerai le baromètre à mon âme, et ces opérations bien dirigées et longtemps répétées me pourraient fournir des résultats aussi sûrs que les leurs. Mais je n'étends pas jusque-là mon entreprise. Je me contenterai de tenir le registre des opérations, sans chercher à les réduire en système. Je fais la même entreprise que Montaigne, mais avec un but tout contraire au sien ; car il n'écrivait ses *Essais* que pour les autres, et je n'écris mes rêveries que pour moi. Si, dans mes plus vieux jours, aux approches du départ, je reste, comme je l'espère, dans la même disposition où je suis, leur lecture me rapellera la douceur que je goûte à les écrire, et, faisant renaître ainsi pour moi le temps passé, doublera pour ainsi dire mon existence. En dépit des hommes je saurai goûter encore le charme de la société, et je vivrai décrépit avec moi dans un autre âge, comme je vivrais avec un moins vieux ami.

J'écrivais mes *Confessions* et mes *Dialogues* dans un souci continuel sur les moyens de les dérober aux mains rapaces de mes persécuteurs, pour les transmettre, s'il était possible, à d'autres générations. La même inquiétude ne me tourmente plus pour cet écrit ; je sais qu'elle serait inutile ; et le désir d'être mieux connu des hommes s'étant éteint dans mon cœur, n'y laisse qu'une indifférence profonde sur le sort et de mes vrais écrits et des monuments de mon innocence, qui déjà peut-être ont été tous pour jamais anéantis. Qu'on épie ce que je fais, qu'on s'inquiète de ces feuilles, qu'on s'en empare, qu'on les supprime, qu'on les falsifie, tout cela m'est égal désormais. Je ne les cache ni ne les montre. Si on me les enlève de mon vivant, on ne m'enlèvera ni le plaisir de les avoir écrites, ni le souvenir de leur contenu, ni les méditations solitaires dont elles sont le fruit et dont la source ne peut s'éteindre qu'avec mon âme. Si dès mes premières calamités j'avais su ne point regimber contre ma destinée et prendre le parti que je prends aujourd'hui, tous les efforts des hommes, toutes leurs épouvantables machines eussent été sur moi sans effet, et ils n'auraient pas plus troublé mon repos par toutes leurs trames, qu'ils peuvent le troubler désormais par tous leurs succès. Qu'ils jouissent à leur gré de mon opprobre, ils ne m'empêcheront pas de jouir de mon innocence et d'achever mes jours en paix malgré eux.

SECONDE PROMENADE

YANT donc formé le projet de décrire l'état habituel de mon âme dans la plus étrange position où se puisse jamais trouver un mortel, je n'ai vu nulle manière plus simple et plus sûre d'exécuter cette entreprise, que de tenir un registre fidèle de mes promenades solitaires et des rêveries qui les remplissent, quand je laisse ma tête entièrement libre et mes idées suivre leur pente sans résistance et sans

gêne. Ces heures de solitude et de méditation sont les seules de la journée où je
sois pleinement moi et à moi, sans diversion, sans obstacle, et où je puisse véritablement dire être ce que la nature a
voulu.

J'ai bientôt senti que j'avais trop
tardé d'exécuter ce projet. Mon imagination, déjà moins vive, ne s'enflamme
plus comme autrefois à la contemplation
de l'objet qui l'anime ; je m'enivre moins
du délire de la rêverie ; il y a plus de
réminiscence que de création dans ce
qu'elle produit désormais ; un tiède
alanguissement énerve toutes mes facultés ; l'esprit de vie s'éteint en moi par
degrés, mon âme ne s'élance plus
qu'avec peine hors de sa caduque enveloppe, et, sans l'espérance de l'état
auquel j'aspire parce que je m'y sens
avoir droit, je n'existerais plus que par
des souvenirs ; ainsi, pour me contempler moi-même avant mon déclin, il faut
que je remonte au moins de quelques
années au temps où, perdant tout espoir
ici-bas et ne trouvant plus d'aliment

pour mon cœur sur la terre, je m'accou-
tumais peu à peu à le nourrir de sa
propre substance, et à chercher toute
sa pâture au-dedans de moi.

Cette ressource, dont je m'avisai trop
tard, devint si féconde qu'elle suffit
bientôt pour me dédommager de tout.
L'habitude de rentrer en moi-même me
fit perdre enfin le sentiment et presque
le souvenir de mes maux. J'appris ainsi
par ma propre expérience que la source
du vrai bonheur est en nous, et qu'il ne
dépend pas des hommes de rendre vraiment misérable celui qui sait vouloir
être heureux. Depuis quatre ou cinq
ans, je goûtais habituellement ces délices internes que trouvent dans la contemplation les âmes aimantes et douces.
Ces ravissements, ces extases, que j'é-
prouvais quelquefois en me promenant
ainsi seul, étaient des jouissances que
je devais à mes persécuteurs : sans eux,
je n'aurais jamais trouvé ni connu les
trésors que je portais en moi-même. Au
milieu de tant de richesses, comment en
tenir un registre fidèle ? En voulant me

rappeler tant de douces rêveries, au lieu de les décrire j'y retombais. C'est un état que son souvenir ramène et qu'on cesserait bientôt de connaître en cessant tout à fait de le sentir.

J'éprouvais bien cet effet dans les promenades qui suivirent le projet d'écrire la suite de mes *Confessions*, surtout dans celle dont je vais parler, et dans laquelle un accident imprévu vint rompre le fil de mes idées et leur donner pour quelque temps un autre cours.

Le jeudi 24 octobre 1776, je suivis après dîner les boulevards jusqu'à la rue du Chemin-Vert, par laquelle je gagnais les hauteurs de Ménilmontant ; et de là, prenant les sentiers à travers les vignes et les prairies, je traversais jusqu'à Charonne le riant paysage qui sépare ces deux villages ; puis je fis un détour pour revenir par les mêmes prairies, en prenant un autre chemin. Je m'amusais à les parcourir avec ce plaisir et cet intérêt que m'ont toujours donnés les sites agréables, et m'arrêtant quelquefois à fixer des plantes dans la verdure. J'en aperçus deux que je voyais assez rarement autour de Paris et que je trouvai très abondantes dans ce canton-là. L'une est le *picris hieracioïdes*, de la famille des composées, et l'autre le *buplevrum falcatum*, de celle des ombellifères. Cette découverte me réjouit et m'amusa très longtemps et finit par celle d'une plante encore plus rare, surtout dans un pays élevé, savoir, le *cerastium aquaticum*, que, malgré l'accident qui m'arriva le même jour, j'ai retrouvé dans un livre que j'avais sur moi et placé dans mon herbier.

Enfin, après avoir parcouru en détail plusieurs autres plantes que je voyais encore en fleurs, et dont l'aspect et l'énumération qui m'était familière me donnaient néanmoins toujours du plaisir, je quittai peu à peu ces menues observations pour me livrer à l'impression non moins agréable, mais plus touchante que faisait sur moi l'ensemble de tout cela. Depuis quelques jours on avait achevé la vendange ; les promeneurs de la ville s'étaient déjà retirés ; les paysans aussi quittaient les champs jusqu'aux travaux d'hiver. La campagne, encore verte et riante, mais défeuillée en partie, et déjà presque déserte, offrait partout l'image de la solitude et des approches de l'hiver. Il résultait de son aspect un mélange d'impression douce et triste, trop analogue à mon âge et à mon sort pour que je ne m'en fisse pas l'application. Je me voyais au déclin d'une vie innocente et infortunée ; l'âme encore pleine de sentiments vivaces, et l'esprit encore orné de quelques fleurs, mais déjà flétries par la tristesse et desséchées par les ennuis. Seul et délaissé, je sentais venir le froid des premières glaces, et mon imagination tarissante ne peuplait plus ma solitude d'êtres formés selon mon cœur. Je me disais en soupirant : Qu'ai-je fait ici-bas ? J'étais fait pour vivre, et je meurs sans avoir vécu. Au moins ce n'a pas été ma faute, et je porterai à l'auteur de mon être, sinon l'offrande des bonnes œuvres qu'on ne m'a pas laissé faire, du moins un tribu de bonnes intentions frustrées, de sentiments sains, mais rendus sans effet, et d'une patience à l'épreuve des mépris des hommes. Je m'attendrissais sur ces réflexions ; je récapitulais les mouvements de mon âme dès ma jeunesse, et pendant mon âge mûr, et depuis qu'on m'a séquestré de la société des hommes, et durant la longue retraite dans laquelle je dois achever mes jours. Je revenais avec complaisance sur toutes les affections de mon cœur, sur ses attachements si tendres, mais si aveugles, sur les idées moins tristes que consolantes dont mon esprit s'était nourri depuis quelques années, et je me préparais à les rappeler assez pour les décrire avec un plaisir presque égal à celui que j'avais pris à m'y livrer. Mon après-midi se passa dans ces paisibles méditations, et je m'en revenais très content de ma journée, quand, au fort de ma rêverie, j'en fus tiré par l'événement qui me reste à raconter.

J'étais, sur les six heures, à la descente de Ménilmontant, presque vis-à-vis du Galant Jardinier, quand des personnes qui marchaient devant moi s'étant tout à coup brusquement écartées, je vis fondre sur moi un gros chien danois qui, s'élançant à toutes jambes devant un carrosse, n'eut pas même le temps de retenir sa course, ou de se détourner quand il m'aperçut. Je jugeai que le seul moyen que j'avais d'éviter d'être jeté par terre était de faire un grand saut, si juste que le chien passât sous moi tandis que je serais en l'air. Cette idée, plus prompte que l'éclair, et que je n'eus ni le temps de raisonner ni d'exécuter, fut la dernière avant mon accident. Je ne sentis ni le coup, ni la chute, ni rien de ce qui s'ensuivit, jusqu'au moment où je revins à moi.

Il était presque nuit quand je repris connaissance. Je me trouvai entre les bras de trois ou quatre jeunes gens qui me racontèrent ce qui venait de m'arriver. Le chien danois, n'ayant pas pu retenir son élan, s'était précipité sur mes deux jambes, et, me choquant de sa masse et de sa vitesse, m'avait fait tomber la tête en avant ; la mâchoire supérieure, portant tout le poids de mon corps, avait frappé sur un pavé très raboteux ; et la chute avait été d'autant plus violente, qu'étant à la descente, ma tête avait donné plus bas que mes pieds. Le carrosse auquel appartenait le chien suivait immédiatement, et m'aurait passé sur le corps si le cocher n'eût à l'instant retenu ses chevaux.

Voilà ce que j'appris par le récit de ceux qui m'avaient relevé, et qui me soutenaient encore lorsque je revins à moi. L'état auquel je me trouvai dans cet instant est trop singulier pour n'en pas faire ici la description.

La nuit s'avançait. J'aperçus le ciel, quelques étoiles et un peu de verdure. Cette première sensation fut un moment délicieux. Je ne me sentais encore que par-là. Je naissais dans cet instant à la vie, et il me semblait que je remplissais de ma légère existence tous les objets que j'apercevais. Tout entier au moment présent, je ne me souvenais de rien ; je n'avais nulle notion distincte de mon individu, pas la moindre idée de ce qui

venait de m'arriver ; je ne savais ni qui
j'étais ni où j'étais ; je ne sentais ni mal,
ni crainte, ni inquiétude. Je voyais couler mon sang comme j'aurais vu couler
un ruisseau, sans songer seulement que
ce sang m'appartînt en aucune sorte. Je
sentais dans tout mon être un calme ravissant, auquel, chaque fois que je me le rappelle, je ne trouve rien de comparable
dans toute l'activité des plaisirs connus.

On me demanda où je demeurais ; il
me fut impossible de le dire. Je demandai où j'étais ; on me dit : *à la Haute-
Borne* ; c'est comme si l'on m'eût dit :
au mont Atlas. Il fallut demander successivement le pays, la ville et le quartier où je me trouvais : encore cela ne
put-il suffire pour me reconnaître ; il me
fallut tout le trajet de là jusqu'au boulevard pour me rappeler ma demeure et
mon nom. Un monsieur que je ne con-
naissais pas, et qui eut la charité de m'ac-
compagner quelque temps, apprenant
que je demeurais si loin, me conseilla de
prendre au Temple un fiacre pour me
reconduire chez moi. Je marchais très

bien, très légèrement, sans sentir ni douleur ni blessure, quoique je crachasse toujours beaucoup de sang. Mais j'avais un frisson glacial qui faisait claquer d'une façon très incommode mes dents fracassées. Arrivé au Temple, je pensai que, puisque je marchais sans peine, il valait mieux continuer ainsi ma route à pied que de m'exposer à périr de froid dans un fiacre. Je fis ainsi la demi-lieue qu'il y a du Temple à la rue Plâtrière, marchant sans peine, évitant les embarras, les voitures, choisissant et suivant mon chemin tout aussi bien que j'aurais pu faire en pleine santé. J'arrive, j'ouvre le secret qu'on a fait mettre à la porte de la rue, je monte l'escalier dans l'obscurité, et j'entre enfin chez moi sans autre accident que ma chute et ses suites, dont je ne m'apercevais pas même encore alors.

Les cris de ma femme en me voyant me firent comprendre que j'étais plus maltraité que je ne pensais. Je passai la nuit sans connaître encore et sentir mon mal. Voici ce que je sentis et trouvai le

lendemain. J'avais la lèvre supérieure
fendue en dedans jusqu'au nez ; en
dehors, la peau l'avait mieux garantie,
et empêchait la totale séparation ; quatre dents enfoncées à la mâchoire supérieure, toute la partie du visage qui la
couvre extrêmement enflée et meurtrie,
le pouce droit foulé et très gros, le
pouce gauche grièvement blessé, le bras
gauche foulé, le genou gauche aussi très
enflé, et qu'une contusion forte et dou-
loureuse empêchait totalement de plier.
Mais, avec tout ce fracas, rien de brisé,
pas même une dent ; bonheur qui tient
du prodige dans une chute comme celle-là.

Voilà très fidèlement l'histoire de mon
accident. En peu de jours cette histoire
se répandit dans Paris, tellement chan-
gée et défigurée qu'il était impossible
d'y rien reconnaître. J'aurais dû compter
d'avance sur cette métamorphose ; mais
il s'y joignit tant de circonstances bizar-
res ; tant de propos obscurs et de réticences l'accompagnèrent ; on m'en par-
tait d'un air si risiblement discret, que
lous ces mystères m'inquiétèrent. J'ai

toujours haï les ténèbres ; elles m'inspirent naturellement une horreur que celles dont on m'environne depuis tant d'années n'ont pas dû diminuer. Parmi toutes les singularités de cette époque, je n'en remarquerai qu'une, mais suffisante pour faire juger des autres.

M***, avec lequel je n'avais jamais eu aucune relation, envoya son secrétaire s'informer de mes nouvelles, et me faire d'instantes offres de services qui ne me parurent pas, dans la circonstance, d'une grande utilité pour mon soulagement. Son secrétaire ne laissa pas de me presser très vivement de me prévaloir de ses offres, jusqu'à me dire que, si je ne me fiais pas à lui, je pouvais écrire directement à M***. Ce grand empressement et l'air de confidence qu'il y joignit me firent comprendre qu'il y avait sous tout cela quelque mystère que je cherchais vainement à pénétrer. Il n'en fallait pas tant pour m'effaroucher, surtout dans l'état d'agitation où mon accident et la fièvre qui s'y était jointe avaient mis ma tête. Je me livrais

à mille conjectures inquiétantes et tristes, et je faisais sur tout ce qui se passait autour de moi des commentaires
qui marquaient plutôt le délire de la fié-
vre que le sang-froid d'un homme qui
ne prend plus d'intérêt à rien.

Un autre événement vint achever de
troubler ma tranquillité. Madame***
m'avait recherché depuis quelques années, sans que je pusse deviner pourquoi. De petits cadeaux affectés, de fréquentes visites, sans objet et sans plaisir,
me marquaient assez un but secret à
tout cela, mais ne me le montraient pas.
Elle m'avait parlé d'un roman qu'elle
voulait faire pour le présenter à la reine.
Je lui avais dit ce que je pensais des
femmes auteurs. Elle m'avait fait entendre que ce projet avait pour but le
rétablissement de sa fortune, pour lequel
elle avait besoin de protection ; je n'avais
rien à répondre à cela. Elle me dit
depuis que, n'ayant pu avoir accès
auprès de la reine, elle était déterminée
à donner son livre au public. Ce n'était
plus le cas de lui donner des conseils

qu'elle ne me demandait pas et qu'elle n'aurait pas suivis. Elle m'avait parlé de me montrer auparavant le manuscrit. Je la priai de n'en rien faire, et elle n'en fit rien.

Un beau jour, durant ma convalescence, je reçus de sa part ce livre tout imprimé et même relié, et je vis dans la préface de si grosses louanges de moi, si maussadement plaquées et avec tant d'affectation, que j'en fus désagréablement affecté. La rude flagornerie qui s'y faisait sentir ne s'allia jamais avec la bienveillance : mon cœur ne saurait se tromper là dessus.

Quelques jour après, madame*** me vint voir avec sa fille. Elle m'apprit que son livre faisait le plus grand bruit à cause d'une note qui le lui attirait : j'avais à peine remarqué cette note en parcourant rapidement ce roman. Je la relus après le départ de madame*** ; j'en examinai la tournure ; j'y crus trouver le motif de ses visites, de ses cajoleries, des grosses louanges de sa préface ; et je jugeai que tout cela n'avait d'autre but que de disposer le public à m'attribuer la note, et par conséquent le blâme qu'elle pouvait attirer à son auteur dans la circonstance où elle était publiée.

Je n'avais aucun moyen de détruire ce bruit et l'impression qu'il pouvait faire ; et tout ce qui dépendait de moi était de ne pas l'entretenir, en souffrant la continuation des vaines et ostensives visites de madame*** et de sa fille. Voici pour cet effet le billet que j'écrivis à la mère :

« Rousseau, ne recevant chez lui aucun auteur, remercie madame*** de ses bontés, et la prie de ne plus l'honorer de ses visites. »

Elle me répondit par une lettre honnête dans la forme, mais tournée comme toutes celles que l'on m'écrit en pareil cas. J'avais barbarement porté le poignard dans son cœur sensible, et je devais croire, au ton de sa lettre, qu'ayant pour moi des sentiments si vifs et si vrais, elle ne supporterait point sans mourir cette rupture. C'est ainsi que la droiture et la franchise en toute chose sont des crimes affreux dans le monde ; et je paraîtrais à mes contemporains méchant et féroce quand je n'aurais à leurs yeux d'autre crime que de n'être pas faux et perfide comme eux.

J'étais déjà sorti plusieurs fois, et je me promenais même assez souvent aux Tuileries, quand je vis, à l'étonnement de plusieurs de ceux qui me rencontraient, qu'il y avait encore à mon égard quelque autre nouvelle que j'ignorais. J'appris enfin que le bruit public était que j'étais mort de ma chute ; et ce bruit se répandit si rapidement et si opiniâtrement que, plus de quinze jours après que j'en fus instruit, l'on en parla à la cour comme d'une chose sûre. Le *Courrier* d'Avignon, à ce qu'on eut soin de m'écrire, annonçant cette heureuse nouvelle, ne manqua pas d'anticiper à cette occasion sur le tribut d'outrages et d'indignités qu'on prépare à ma mémoire après ma mort, en forme d'oraison funèbre.

Cette nouvelle fut accompagnée d'une circonstance encore plus singulière que je n'appris que par hasard, et dont je n'ai pu savoir aucun détail. C'est qu'on avait ouvert en même temps une souscription pour l'impression des manuscrits que l'on trouverait chez moi. Je compris par là qu'on tenait prêt un recueil d'écrits fabriqués tout exprès pour me les attribuer d'abord après ma mort : car de penser qu'on imprimât fidèlement aucun de ceux qu'on pourrait trouver en effet, c'était une bêtise qui ne pouvait entrer dans l'esprit d'un homme sensé, et dont quinze ans d'expérience ne m'ont pas trop garanti.

Ces remarques, faites coup sur coup, et suivies de beaucoup d'autres qui n'étaient guère moins étonnantes, effarouchèrent derechef mon imagination que je croyais amortie ; et ces noires ténèbres, qu'on renforçait sans relâche autour de moi, ranimèrent toute l'horreur qu'elles m'inspirent naturellement. Je me fatiguai à faire sur tout cela mille commentaires, et à tâcher de comprendre des mystères qu'on a rendus inexplicables pour moi. Le seul résultat constant de tant d'énigmes fut la confirmation de toutes mes conclusions précédentes, savoir, que la destinée de ma personne et celle de ma réputation, ayant été fixées de concert par toute la génération présente, nul effort de ma part ne pouvait m'y soustraire, puisqu'il m'est de toute impossibilité de transmettre aucun dépôt à d'autres âges sans le faire passer dans celui-ci par des mains intéressées à le supprimer.

Mais cette fois j'allai plus loin. L'amas de tant de circonstances fortuites, l'élévation de tous mes plus cruels ennemis, affectée, pour ainsi dire, par la fortune ; tous ceux qui gouvernent l'État, tous ceux qui dirigent l'opinion publique, tous les gens en place, tous les hommes en crédit triés comme sur le volet parmi ceux qui ont contre moi quelque animosité secrète, pour con-

courir au commun complot, cet accord
universel est trop extraordinaire pour
être purement fortuit.

Un seul homme qui eût refusé d'en
être complice, un seul événement qui
lui eût été contraire, une seule circonstance imprévue qui lui eût fait obstacle,
suffisait pour le faire échouer. Mais
toutes les volontés, toutes les fatalités,
la fortune et toutes les révolutions ont
affermi l'œuvre des hommes ; et un concours si frappant, qui tient du prodige,
ne peut me laisser douter que son plein
succès ne soit écrit dans les décrets éter-
nels. Des foules d'observations particu-
lières, soit dans le passé, soit dans le
présent, me confirment tellement dans
cette opinion, que je ne puis m'empêcher de regarder désormais comme un
de ces secrets du ciel, impénétrables à
la raison humaine, la même œuvre que
je n'envisageais jusqu'ici que comme un
fruit de la méchanceté des hommes.

Cette idée, loin de m'être cruelle et
déchirante, me console, me tranquillise,
et m'aide à me résigner. Je ne vais pas

si loin que saint Augustin, qui se fût
consolé d'être damné, si telle eût été la
volonté de Dieu : ma résignation vient
d'une source moins désintéressée, il est
vrai, mais non moins pure, et plus digne, à mon gré, de l'Être parfait que
j'adore.

Dieu est juste, il veut que je souffre,
et il sait que je suis innocent. Voilà le
motif de ma confiance, mon cœur et ma
raison me crient qu'elle ne me trompera
pas. Laissons donc faire les hommes et
la destinée ; apprenons à souffrir sans
murmure : tout doit à la fin rentrer dans
l'ordre, et mon tour viendra tôt ou
tard.

TROISIEME PROMENADE

Je deviens vieux en apprenant toujours.

OLON répétait souvent ce vers dans sa vieillesse. Il y a un sens dans lequel je pourrais le dire aussi dans la mienne ; mais c'est une bien triste science que celle que depuis vingt ans l'expérience m'a fait acquérir : l'ignorance est encore préférable. L'adversité sans doute est un grand maître ; mais ce maître fait payer cher ses leçons, et souvent le profit qu'on en retire ne vaut pas le prix qu'elles ont coûté. D'ailleurs, avant qu'on ait obtenu tout cet acquis par des leçons si tardives, l'à-propos d'en user se passe. La jeunesse est le temps d'étudier la sagesse ; la vieillesse est le temps de la pratiquer. L'expérience instruit toujours, je l'avoue ; mais elle ne profite que pour l'espace qu'on a devant soi.

Est-il temps, au moment qu'il faudrait mourir, d'apprendre comment on aurait dû vivre ?

Eh ! que me servent des lumières si tard et si douloureusement acquises sur ma destinée, et sur les passions d'autrui dont elle est l'œuvre ? Je n'ai appris à mieux connaître les hommes que pour sentir mieux la misère où ils m'ont plongé, sans que cette connaissance, en me découvrant tous leurs pièges, m'en ait pu faire éviter aucun. Que ne suis-je resté toujours dans cette imbécile mais douce confiance qui me rendit durant tant d'années la proie et le jouet de mes bruyants amis, sans qu'enveloppé de toutes leurs trames j'en eusse même le moindre soupçon ! J'étais leur dupe et leur victime, il est vrai ; mais je me croyais aimé d'eux, et mon cœur jouissait de l'amitié qu'ils m'avaient inspirée, en leur en attribuant autant pour moi. Ces douces illusions sont détruites. La triste vérité, que le temps et la raison m'ont dévoilée, en me faisant sentir mon malheur, m'a fait voir qu'il était sans remède, et qu'il ne me restait qu'à m'y résigner. Ainsi toutes les expériences de mon âge sont pour moi, dans mon état, sans utilité présente et sans profit pour l'avenir.

Nous entrons en lice à notre naissance, nous en sortons à la mort. Que sert d'apprendre à mieux conduire son char quand on est au bout de la carrière ? Il ne reste plus à penser alors que comment on en sortira. L'étude d'un vieillard, s'il lui en reste encore à faire, est uniquement d'apprendre à mourir ; et c'est précisément celle qu'on fait le moins à mon âge ; on y pense à tout, hormis à cela. Tous les vieillards

tiennent plus à la vie que les enfants,
et en sortent de plus mauvaise grâce
que les jeunes gens. C'est que, tous
leur travaux ayant été pour cette vie,
ils voient à sa fin qu'ils ont perdu leurs
peines. Tous leurs soins, tous leurs biens,
tous les fruits de leurs laborieuses veil-
les, il quittent tout quand ils s'en vont.
Ils n'ont songé à rien acquérir durant
leur vie qu'ils pussent emporter à leur
mort.

Je me suis dit tout cela quand il était
temps de me le dire ; et si je n'ai pas
mieux su tirer parti de mes réflexions,
ce n'est pas faute de les avoir faites à
temps, et de les avoir bien digérées.
Jeté dès mon enfance dans le tourbil-
lon du monde, j'appris de bonne heure,
par l'expérience, que je n'étais pas fait
pour y vivre, et que je n'y parvien-
drais jamais à l'état dont mon cœur sen-
tait le besoin. Cessant donc de chercher
parmi les hommes le bonheur que je
nestais n'y pouvoir trouver, mon ardente
imagination sautait déjà par-dessus l'espace de ma vie, à peine commencée,

comme sur un terrain qui m'était étranger, pour se reposer sur une assiette
tranquille où je pusse me fixer.

Ce sentiment, nourri par l'éducation
dès mon enfance, et renforcé, durant
toute ma vie, par ce long tissu de misères
et d'infortunes qui l'a remplie, m'a fait
chercher, dans tous les temps, à connaître la nature et la destination de mon
être avec plus d'intérêt et de soin que
je n'en ai trouvé dans aucun autre
homme. J'en ai beaucoup vu qui philo-
sophaient bien plus doctement que moi,
mais leur philosophie leur était pour
ainsi dire étrangère. Voulant être plus
savants que d'autres, ils étudiaient l'u-
nivers pour savoir comment il était
arrangé, comme ils auraient étudié
quelque machine qu'ils auraient aperçue,
par pure curiosité. Ils étudiaient la
nature humaine pour en pouvoir parler
savamment, mais non pas pour se connaître ; ils travaillaient pour instruire
les autres, mais non pas pour s'éclairer
en dedans. Plusieurs d'entre eux ne
voulaient que faire un livre, n'importait

quel, pourvu qu'il fût accueilli. Quand le leur était fait et publié, son contenu ne les intéressait plus en aucune sorte, si ce n'est pour le faite adopter aux autres et pour le défendre au cas qu'il fût attaqué ; mais du reste sans en rien tirer pour leur propre usage, sans s'embarrasser même que ce contenu fût faux ou vrai, pourvu qu'il ne fût pas réfuté. Pour moi, quand j'ai désiré d'apprendre, c'était pour savoir moi-même, et non pas pour enseigner ; j'ai toujours cru qu'avant d'instruire les autres il fallait commencer par savoir assez pour soi ; et de toutes les études que j'ai tâché de faire en ma vie au milieu des hommes, il n'y en a guère que je n'eusse faites également seul dans une île déserte où j'aurais été confiné pour le reste de mes jours. Ce qu'on doit faire dépend beaucoup de ce qu'on doit croire ; et, dans tout ce qui ne tient pas aux premiers besoins de la nature, nos opinions sont la règle de nos actions. Dans ce principe, qui fut toujours le mien, j'ai cherché souvent et longtemps, pour diriger l'emploi de ma vie, à connaître sa véritable fin, et je me suis bientôt consolé de mon peu d'aptitude à me conduire habilement dans ce monde, en sentant qu'il n'y fallait pas chercher cette fin.

Né dans une famille où régnaient les mœurs et la pitié, élevé ensuite avec douceur chez un ministre plein de sagesse et de religion, j'avais reçu dès ma plus tendre enfance des principes, des maximes, d'autres diraient des préjugés, qui ne m'ont jamais tout à fait abandonné. Enfant encore, et livré à moi-même, alléché par des caresses, séduit par la vanité, leurré par l'espérance, forcé par la nécessité, je me fis catholique, mais je demeurai toujours chrétien ; et bientôt, gagné par l'habitude, mon cœur s'attacha sincèrement à ma nouvelle religion. Les instructions et les exemples de madame de Warens m'affermirent dans cet attachement. La solitude champêtre où j'ai passé la fleur de ma jeunesse, l'étude des bons livres à laquelle je me livrais tout entier, renforcèrent auprès d'elle mes dispositions naturelles aux sentiments affectueux et me rendirent dévot presque à la manière de Fénelon. La méditation dans la retraite, l'étude de la nature, la contemplation de l'univers, forcent un solitaire à s'élancer incessamment vers l'auteur des choses, et à chercher avec une douce inquiétude la fin de tout ce qu'il voit et la cause de tout ce qu'il sent. Lorsque ma destinée me rejeta dans le torrent du monde, je n'y retrouvai plus rien qui pût flatter un moment mon cœur. Le regret de mes doux loisirs me suivit partout et jeta l'indifférence et le dégoût sur tout ce qui pouvait se trouver à ma portée, propre à mener à la fortune et aux honneurs. Incertain dans mes inquiets désirs, j'espérai peu, j'obtins moins, et je sentis, dans des lueurs même de prospérité, que quand j'aurais obtenu tout ce que je croyais chercher, je n'y aurais point trouvé ce bonheur dont mon cœur était avide sans en savoir démêler l'objet. Ainsi tout contribuait à détacher mes affections de ce monde, même avant les malheurs qui

devaient m'y rendre tout à fait étranger.
Je parvins jusqu'à l'âge de quarante
ans, flottant entre l'indigence et la fortune, entre la sagesse et l'égarement,
plein de vices d'habitude sans aucun
mauvais penchant dans le cœur, vivant
au hasard sans principes bien décidés
par ma raison, et distrait sur mes
devoirs sans les mépriser, mais souvent
sans les bien connaître.

Dès ma jeunesse j'avais fixé cette
époque de quarante ans comme le terme
de mes efforts pour parvenir, et celui
de mes prétentions en tout genre ; bien
résolu, dès cet âge atteint et dans quelque situation que je fusse, de ne plus
me débattre pour en sortir, et de passer
le reste de mes jours à vivre au jour la
journée, sans plus m'occuper de l'avenir.
Le moment venu, j'exécutai ce projet
sans peine, et, quoique alors ma fortune
semblât vouloir prendre une assiette
plus fixe, j'y renonçai, non seulement
sans regret, mais avec un plaisir véritable. En me délivrant de tous ces leur-
res, de toutes ces vaines espérances, je

me livrai pleinement à l'incurie et au repos d'esprit qui fût toujours mon goût le plus dominant et mon penchant le plus durable. Je quittai le monde et ses pompes. Je renonçai à toutes parures : plus d'épée, plus de montre, plus de bas blancs, de dorure, de coiffure ; une perruque toute simple, un bon gros habit de drap ; et, mieux que tout cela, je déracinai de mon cœur les cupidités et les convoitises qui donnent du prix à tout ce que je quittais. Je renonçai à la place que j'occupais alors, pour laquelle je n'étais nullement propre, et je me mis à copier de la musique à tant à la page, occupation pour laquelle j'avais toujours un goût décidé.

Je ne bornai pas ma réforme aux choses extérieures. Je sentis que celle-là même en exigeait une autre plus pénible sans doute, mais plus nécessaire dans les opinions ; et, résolu de n'en pas faire à deux fois, j'entrepris de soumettre mon intérieur à un examen sévère qui le réglât pour le reste de ma vie tel que je voulais le trouver à ma mort.

Une grande révolution qui venait de
se faire en moi, un autre monde moral
qui se dévoilait à mes regards ; les insensés jugements des hommes, dont, sans
prévoir encore combien j'en serai la victime, je commençai à sentir l'absurdité ;
le besoin toujours croissant d'un autre
bien que la gloriole littéraire, dont à
peine la vapeur m'avait atteint que j'en
étais déjà dégoûté ; le désir enfin de
tracer pour le reste de ma carrière une
route moins incertaine que celle dans
laquelle j'en venais de passer la plus
belle moitié ; tout m'obligeait à cette
grande revue dont je sentais depuis longtemps le besoin. Je l'entrepris donc, et
je ne négligeai rien de ce qui dépendait
de moi pour bien exécuter cette entreprise.

C'est de cette époque que je puis
dater mon entier renoncement au monde,
et ce goût vif pour la solitude, qui ne
m'a plus quitté depuis ce temps là. L'ouvrage que j'entreprenais ne pouvait
s'exécuter que dans une retraite absolue ;
il demandait de longues et paisibles

méditations que le tumulte de la société ne souffre pas. Cela me força de prendre pour un temps une autre manière de vivre, dont ensuite je me trouvai si bien que, ne l'ayant interrompue depuis lors que par force et pour peu d'instants, je l'ai reprise de tout mon cœur et m'y suis borné sans peine, aussitôt que je l'ai pu ; et quand ensuite les hommes m'ont réduit à vivre seul, j'ai trouvé qu'en me séquestrant pour me rendre misérable, ils avaient plus fait pour mon bonheur que je n'avais su faire moi-même.

Je me livrai au travail que j'avais entrepris avec un zèle proportionné, et à l'importance de la chose, et au besoin que je sentais en avoir. Je vivais alors avec des philosophes modernes qui ne ressemblaient guère aux anciens : au lieu de lever mes doutes et de fixer mes irrésolutions, ils avaient ébranlé toute les certitudes que je croyais avoir sur les points qu'il m'importait le plus de connaître : car, ardents missionnaires d'athéisme et très impérieux dogmatiques, ils n'enduraient point sans colère

que, sur quelque point que ce pût être,
on osât penser autrement qu'eux. Je
m'étais défendu souvent assez faiblement
par haine pour la dispute, et par peu de
talent pour la soutenir ; mais jamais je
n'adoptai leur désolante doctrine : et
cette résistance à des hommes aussi
intolérants, qui d'ailleurs avaient leurs
vues, ne fut pas une des moindres causes qui attisèrent leur animosité.

Ils ne m'avaient pas persuadé, mais ils
m'avaient inquiété. Leurs arguments
m'avaient ébranlé sans m'avoir jamais
convaincu ; je n'y trouvais point de
bonne réponse, mais je sentais qu'il
devait y en avoir. Je m'accusais moins
d'erreur que d'ineptie, et mon cœur leur
répondait mieux que ma raison.

Je me dis enfin : Me laisserai-je éter-
nellement balloter par les sophismes des
mieux disants, dont je ne suis pas même
sûr que les opinions qu'ils prêchent et
qu'ils ont tant d'ardeur à faire adopter
aux autres soient bien les leurs à eux-
mêmes ? Leurs passions, qui gouvernent
leur doctrine, leur intérêt de faire croire

ceci ou cela, rendent impossible à pénétrer ce qu'ils croient eux-mêmes. Peut-on
chercher de la bonne foi dans des chefs
de parti ? Leur philosophie est pour les
autres ; il m'en faudrait une pour moi.
Cherchons-la de toutes mes forces tandis qu'il est temps encore, afin d'avoir
une règle fixe de conduite pour le reste
de mes jours. Me voilà dans la maturité
de l'âge, dans toute la force de l'entendement : déjà je touche au déclin ; si
j'attends encore, je n'aurai plus, dans
ma délibération tardive, l'usage de toutes mes forces ; mes facultés intellec-
tuelles auront déjà perdu de leur activité ; je ferai moins bien ce que je puis
faire aujourd'hui de mon mieux possible ;
saisissons ce **moment** favorable : il est
l'époque de ma réforme externe et matérielle, qu'il soit aussi celle de ma réforme
intellectuelle et morale. Fixons une
bonne fois mes opinions, mes principes ;
et soyons pour le reste de ma vie ce
que j'aurai trouvé devoir être après y
avoir bien pensé.

J'exécutai ce projet lentement et à

diverses reprises, mais avec tout l'effort et toute l'attention dont j'étais capable. Je sentais vivement que le repos du reste de mes jours et mon sort total en dépendaient. Je m'y trouvai d'abord dans un tel labyrinthe d'embarras, de difficultés, d'objections, de tortuosités, de ténèbres, que vingt fois tenté de tout abandonner, je fus près, renonçant à de vaines recherches, de m'en tenir, dans mes délibérations, aux règles de la prudence commune, sans plus en chercher dans des principes que j'avais tant de peine à débrouiller ; mais cette prudence même m'était tellement étrangère, je me sentais si peu propre à l'acquérir, que la prendre pour mon guide n'était autre chose que vouloir, à travers les mers et les orages, chercher, sans gouvernail, sans boussole, un fanal presque inaccessible, et qui ne m'indiquait aucun port.

Je persistai : pour la première fois de ma vie j'eus du courage, et je dois à son succès d'avoir pu soutenir l'horrible destinée qui dès lors commençait à m'envelopper, sans que j'en eusse le moindre

soupçon. Après les recherches les plus
ardentes et les plus sincères qui jamais
peut-être aient été faites par aucun
mortel, je me décidai pour toute ma vie
sur tous les sentiments qu'il m'importait
d'avoir ; et si j'ai pu me tromper dans
mes résultats, je suis sûr au moins que
mon erreur ne peut m'être imputée à
crime : car j'ai fait tous mes efforts
pour m'en garantir. Je ne doute point,
il est vrai, que les préjugés de l'enfance
et les vœux secrets de mon cœur n'aient
fait pencher la balance du côté le plus
consolant pour moi. On se défend diffi-
cilement de croire ce qu'on désire avec
tant d'ardeur, et qui peut douter que
l'intérêt d'admettre ou rejeter les jugements de l'autre vie ne détermine la foi
de la plupart des hommes sur leur espérance ou leur crainte ? Tout cela pouvait
fasciner mon jugement, j'en conviens,
mais non pas altérer ma bonne foi ; car
je craignais de me tromper sur toute
chose. Si tout consistait dans l'usage
de cette vie, il m'importait de le savoir
pour en tirer du moins le meilleur parti

qu'il dépendrait de moi tandis qu'il était encore temps, et n'être pas tout à fait dupe. Mais ce que j'avais le plus à redouter au monde, dans la disposition où je me sentais, était d'exposer le sort éternel de mon âme pour la jouissance des biens de ce monde, qui ne m'ont jamais paru d'un grand prix.

J'avoue encore que je ne levai pas toujours à ma satisfaction toutes ces difficultés qui m'avaient embarrassé, et dont nos philosophes avaient si souvent rebattu mes oreilles. Mais, résolu de me décider enfin sur des matières où l'intelligence humaine a si peu de prise, et trouvant de toutes parts des mystères impénétrables et des objections insolubles, j'adoptai dans chaque question le sentiment qui me parut le mieux établi directement, le plus croyable en lui-même, sans m'arrêter aux objections que je ne pouvais résoudre, mais qui se rétorquaient par d'autres objections non moins fortes dans le système opposé. Le ton dogmatique sur ces matières ne convient qu'à des charlatans ; mais il

importe d'avoir un sentiment pour soi
et de le choisir avec toute la maturité
de jugement qu'on y peut mettre. Si
malgré cela nous tombons dans l'erreur,
nous n'en saurions porter la peine en
bonne justice, puisque nous n'en aurons
point la coulpe. Voilà le principe iné-
branlable qui sert de base à ma sécu-
rité.

Le résultat de mes pénibles recherches fut tel à peu près que je l'ai consigné depuis dans la profession de foi du
Vicaire savoyard, ouvrage indignement
prostitué et profané dans la génération
présente, mais qui peut faire un jour
révolution parmi les hommes, si jamais
il y renaît du bon sens et de la bonne
foi.

Depuis lors resté tranquille dans les
principes que j'avais adoptés après une
méditation si longue et si réfléchie, j'en
ai fait la règle immuable de ma conduite et de ma foi, sans plus m'inquiéter
ni des objections que je n'avais pu résoudre, ni de celles que je n'avais pu prévoir,
et qui se présentaient nouvellement de

temps à autre à mon esprit. Elles m'ont
inquiété quelquefois, mais elles ne m'ont
jamais ébranlé. Je me suis toujours dit :
Tout cela ne sont que des arguties et
des subtilités métaphysiques, qui ne
sont d'aucun poids auprès des principes
fondamentaux adoptés par ma raison,
confirmés par mon cœur, et qui tous
portent le sceau de l'assentiment intérieur dans le silence des passions. Dans
des matières si supérieures à l'entendement humain, une objection que je ne
puis résoudre renversera-t-elle tout un
corps de doctrine si solide, si bien liée
et formée avec tant de méditation et de
soin, si bien appropriée à ma raison, à
mon cœur, à tout mon être, et renforcée
de l'assentiment intérieur que je sens
manquer à toutes les autres ? Non, de
vaines argumentations ne détruiront
jamais la convenance que j'aperçois
entre ma nature immortelle et la constitution de ce monde, et l'ordre physique
que j'y vois régner ; j'y trouve dans
l'ordre moral correspondant, et dont le
système est le résultat de mes recherches,

les appuis dont j'ai besoin pour supporter les misères de ma vie. Dans tout autre système je vivrais sans ressources et je mourrais sans espoir ; je serais la plus malheureuse des créatures. Tenons-nous en donc à celui qui seul suffit pour me rendre heureux, en dépit de la fortune et des hommes.

Cette délibération et la conclusion que j'en tirai ne semblent-elles pas avoir été dictées par le ciel même pour me préparer à la destinée qui m'attendait, et me mettre en état de la soutenir ? Que serais-je devenu, que deviendrais-je encore dans les angoisses affreuses qui m'attendaient, et dans l'incroyable situation où je suis réduit pour le reste de ma vie, si, resté sans asile où je pusse échapper à mes implacables persécuteurs, sans dédommagement des opprobres qu'ils me font essuyer en ce monde, et sans espoir d'obtenir jamais la justice qui m'est due, je m'étais vu livré tout entier au plus horrible sort qu'ait éprouvé sur la terre aucun mortel ? Tandis que, tranquille dans mon innocence, je n'imaginais qu'estime et bienveillance pour moi parmi les hommes ; tandis que mon cœur ouvert et confiant s'épanchait avec des amis et des frères, les traîtres m'enlaçaient, en silence, de rets forgés au fond des enfers. Surpris par les plus imprévus de tous les malheurs et les plus terribles pour une âme fière, traîné dans la fange sans jamais savoir par qui ni pourquoi, plongé dans un abîme d'ignominie, enveloppé d'horribles ténèbres à travers lesquelles je n'apercevais que de sinistres objets, à la première surprise je fus terrassé ; et jamais je ne serais revenu de l'abattement où me jeta ce genre imprévu de malheurs, si je ne m'étais ménagé d'avance des forces pour me relever dans mes chutes.

Ce ne fut qu'après des années d'agitation que, reprenant enfin mes esprits et commençant de rentrer en moi-même, je sentis le prix des ressources que je m'étais ménagées pour l'adversité. Décidé sur toutes les choses dont il m'importait de juger, je vis, en comparant mes maximes à ma situation, que je donnais aux insensés jugements des hommes, et aux petits événements de cette courte vie, beaucoup plus d'importance qu'ils n'en avaient, que cette vie n'étant qu'un état d'épreuves, il importait peu que ces épreuves fussent de telle ou telle sorte, pourvu qu'il en résultât l'effet auquel elles étaient destinées, et que, par conséquent, plus les épreuves étaient grandes, fortes, multipliées, plus il était avantageux de les savoir soutenir. Toutes les plus vives peines perdent leur force pour quiconque en voit le dédommagement grand et sûr ; et la certitude de ce dédommagement était le principal fruit que j'avais retiré de mes méditations précédentes.

Il est vrai qu'au milieu des outrages sans nombre et des indignités sans mesure dont je me sentais accablé de toutes parts, des intervalles d'inquiétude et de doutes venaient, de temps à autre, ébranler mon espérance et troubler ma tranquillité. Les puissantes objections que je n'avais pu résoudre se présentaient alors à mon esprit avec plus de

force, pour achever de m'abattre précisément dans les moments où, surchargé
du poids de ma destinée, j'étais prêt à
tomber dans le découragement ; souvent
des arguments nouveaux, que j'enten-
dais faire, me revenaient dans l'esprit à
l'appui de ceux qui m'avaient déjà tourmenté. Ah ! me disais-je alors dans des
serrements de cœur prêts à m'étouffer,
qui me garantira du désespoir, si, dans
l'horreur de mon sort, je ne vois plus
que des chimères dans les consolations
que me fournissait ma raison ; si, détrui-
sant ainsi son propre ouvrage, elle ren-
verse tout l'appui d'espérance et de confiance qu'elle m'avait ménagé dans l'adversité ? Quel appui que des illusions
qui ne bercent que moi seul au monde !
Toute la génération présente ne voit
qu'erreurs et préjugés dans les sentiments dont je me nourris seul : elle
trouve la vérité, l'évidence dans le système contraire au mien ; elle semble
même ne pouvoir croire que je l'adopte
de bonne foi ; et moi-même, en m'y livrant
de toute ma volonté, j'y trouve des diffi-

cultés insurmontables qu'il m'est impossible de résoudre, et qui ne m'empêchent pas d'y assister. Suis-je donc seul sage, seul éclairé parmi les mortels ? pour croire que les choses sont ainsi, suffit-il qu'elles me conviennent ? puis-je prendre une confiance éclairée en des apparences qui n'ont rien de solide aux yeux des hommes, et qui me sembleraient illusoires à moi-même si mon cœur ne soutenait pas ma raison ? N'eût-il pas mieux valu combattre mes persécuteurs à armes égales en adoptant leurs maximes, que de rester sur les chimères des miennes en proie à leurs atteintes, sans agir pour les repousser ? Je me crois sage, et je ne suis que dupe, victime et martyr d'une vaine erreur.

Combien de fois, dans ces moments de doute et d'incertitude, je fus prêt à m'abandonner au désespoir ! Si jamais j'avais passé dans cet état un mois entier, c'était fait de ma vie et de moi. Mais ces crises, quoique autrefois assez fréquentes, ont toujours été courtes ; et maintenant que je n'en suis pas délivré tout à fait encore, elles sont si rares et si rapides, qu'elles n'ont pas même la force de troubler mon repos. Ce sont de légères inquiétudes qui n'affectent pas plus mon âme qu'une plume qui tombe dans la rivière ne peut altérer le cours de l'eau. J'ai senti que remettre en délibération les mêmes points, sur lesquels je m'étais ci-devant décidé, était me supposer de nouvelles lumières ou le jugement plus formé, ou plus de zèle pour la vérité que je n'avais lors de mes recherches ; qu'aucun de ces cas n'étant ni ne pouvant être le mien, je ne pouvais préférer, par aucune raison solide, des opinions qui, dans l'accablement de désespoir, ne me tentaient que pour augmenter ma misère, à des sentiments adoptés dans la vigueur de l'âge, dans toute la maturité de l'esprit, après l'examen le plus réfléchi, et dans des temps où le calme de ma vie ne me laissait d'autre intérêt dominant que celui de connaître la vérité. Aujourd'hui que mon cœur, serré de détresse, mon âme affaissée par les ennuis, mon imagina-

tion effarouchée, ma tête troublée par
tant d'affreux mystères dont je suis en-
vironné ; aujourd'hui que toutes mes
facultés, affaiblies par la vieillesse et les
angoisses, ont perdu tout leur ressort,
irai-je m'ôter à plaisir toutes les ressources que je m'étais ménagées, et
donner plus de confiance à ma raison
déclinante pour me rendre injustement
malheureux, qu'à ma raison pleine et
vigoureuse pour me dédommager des
maux que je souffre sans les avoir mé-
rités ? Non, je ne suis ni plus sage, ni
mieux inscrit, ni de meilleure foi que
quand je me décidai sur ces grandes
questions : je n'ignorais pas alors les
difficultés dont je me laisse troubler
aujourd'hui ; elle ne m'arrêtèrent pas,
et s'il s'en présente quelques nouvelles
dont on ne s'était pas encore avisé, ce
sont les sophismes d'une subtile métaphysique, qui ne sauraient balancer les
vérités éternelles admises de tous les
temps, par tous les sages, reconnues
par toutes les nations, et gravées dans
le cœur humain en caractères ineffaça-

bles. Je savais, en méditant sur ces matières, que l'entendement humain, circonscrit par les sens, ne les pouvait embrasser dans toute leur étendue ; je m'en tins donc à ce qui était à ma portée, sans m'engager dans ce qui la passait. Ce parti était raisonnable ; je l'embrassai jadis, et m'y tins avec l'assentiment de mon cœur et de ma raison. Sur quel fondement y renoncerais-je aujourd'hui que tant de puissants motifs m'y doivent tenir attaché ? quel danger vois-je à le suivre ? quel profit trouverais-je à l'abandonner ? En prenant la doctrine de mes persécuteurs, prendrais-je aussi leur morale, cette morale sans racine et sans fruit, qu'ils étalent pompeusement dans des livres ou dans quelque action d'éclat sur le théâtre, sans qu'il en pénètre jamais rien dans le cœur ni dans la raison ? ou bien cette autre morale secrète et cruelle, doctrine intérieure de tous leurs initiés, à laquelle l'autre ne sert que de masque, qu'ils suivent seule dans leur conduite, et qu'ils ont si habilement pratiquée à mon égard ? Cette

morale, purement offensive, ne sert
point à la défense, et n'est bonne qu'à
l'agression. De qui me servirait-elle
dans l'état où il m'ont réduit ? Ma seule
innocence me soutient dans les malheurs ; et combien me rendrais-je plus
malheureux encore, si m'ôtant cette unique mais puissante ressource, j'y subs-
tituais la méchanceté ? Les atteindrais-je
dans l'art de nuire ? et quand j'y réussi-
rais, de quel mal me soulagerait celui
que je leur pourrais faire ? Je perdrais
ma propre estime, et je ne gagnerais
rien à la place.

C'est ainsi que, raisonnant avec moi-
même, je parvins à ne me plus laisser
ébranler dans mes principes par des
arguments captieux, par des objections
insolubles, et par des difficultés qui pas-
saient ma portée et peut-être celle de
l'esprit humain. Le mien, restant dans
la plus solide assiette que j'avais pu lui
donner, s'accoutuma si bien à s'y reposer à l'abri de ma conscience, qu'aucune
doctrine étrangère, ancienne ou nouvelle, ne peut plus l'émouvoir, ni trou-

bler un instant mon repos. Tombé dans
la langueur et l'appesantissement d'esprit, j'ai oublié jusqu'aux raisonnements
sur lesquels je fondais ma croyance et
mes maximes ; mais je n'oublierai jamais
les conclusions que j'en ai tirées avec
l'approbation de ma conscience et de
ma raison, et je m'y tiens désormais.
Que tous les philosophes viennent
ergoter contre ; ils perdront leur temps
et leurs peines : je me tiens, pour le
reste de ma vie, en toute chose, au parti
que j'ai pris quand j'étais plus en état
de bien choisir.

Tranquille dans ces dispositions, j'y
trouve, avec le contentement de moi,
l'espérance et les consolations dont j'ai
besoin dans ma situation : il n'est pas
possible qu'une solitude aussi complète,
aussi permanente, aussi triste en elle-
même, l'animosité toujours sensible et
toujours active de toute la génération
présente, les indignités dont elle m'acca-
ble sans cesse, ne me jettent quelquefois
dans l'abattement ; l'espérance ébran-
lée, les doutes décourageants revien-

nent encore de temps à autre troubler mon
âme et la remplir de tristesse. C'est alors
qu'incapable des opérations de l'esprit,
nécessaires pour me rassurer moi-même,
j'ai besoin de me rappeler mes anciennes résolutions : les soins, l'attention,
la sincérité de cœur, que j'ai mis à les
prendre, reviennent alors à mon souvenir, et me rendent toute ma confiance.
Je me refuse ainsi à toutes nouvelles idées comme à des erreurs funes-
tes, qui n'ont qu'une fausse apparence,
et ne sont bonnes qu'à troubler mon
repos.

Ainsi retenu dans l'étroite sphère de
mes anciennes connaissances, je n'ai
pas, comme Solon, le bonheur de pouvoir m'instruire chaque jour en vieillis-
sant, et je dois même me garantir du
dangereux orgueil de vouloir apprendre
ce que je suis désormais hors d'état de
bien savoir. Mais s'il me reste peu d'ac-
quisitions à espérer du côté des lumières utiles, il m'en reste de bien importantes à faire du côté des vertus nécessaires à mon état ; c'est là qu'il serait

temps d'enrichir et d'orner mon âme
d'un acquis qu'elle pût emporter avec
elle. Lorsque, délivrée de ce corps qui
l'offusque et l'aveugle, et voyant la vérité sans voile, elle apercevra la misère
de toutes ces connaissances dont nos
faux savants sont si vains, elle gémira
des moments perdus en cette vie à les
vouloir acquérir. Mais la patience, la
douceur, la résignation, l'intégrité, la
justice impartiale, sont un bien qu'on
emporte avec soi, et dont on peut s'enrichir sans cesse, sans craindre que la
mort même nous en fasse perdre le prix :
c'est à cette unique et utile étude que
je consacre le reste de ma vieillesse.
Heureux si, par mes progrès sur moi-
même, j'apprends à sortir de la vie, non
meilleur, car cela n'est pas possible,
mais plus vertueux que je n'y suis entré !

6

QUATRIEME PROMENADE

ANS le petit nombre de livres que je lis quelquefois encore, Plutarque est celui qui m'attache et me profite le plus. Ce fut la première lecture de mon enfance, ce sera la dernière de ma vieillesse : c'est presque le seul auteur que je n'ai jamais lu sans en tirer quelque fruit. Avant-hier, je lisais dans ses œuvres morales le traité *Comment on pourra*

tirer utilité de ses ennemis. Le même jour, en rangeant quelques brochures qui m'ont été envoyées par les auteurs, je tombai sur un des journaux de l'abbé Royou, au titre duquel il avait mis ces paroles : *Vitam vero impendenti,* Royou. Trop au fait des tournures de ces messieurs pour prendre le change sur celle-là, je crompris qu'il avait cru, sous cet air de politesse, me dire une cruelle contre-vérité ; mais sur quoi fondée ? pourquoi ce sarcasme ? quel sujet y pouvais-je avoir donné ? Pour mettre à profit les leçons du bon Plutarque, je résolus d'employer à m'examiner sur le mensonge la promenade du lendemain, et j'y vins bien confirmé dans l'opinion déjà prise que le *Connais-toi toi-même,* du temple de Delphes, n'était pas une maxime si facile à suivre que je l'avais cru dans mes *Confessions.*

Le lendemain, m'étant mis en marche pour exécuter cette résolution, la première idée qui me vint, en commençant à me recueillir, fut celle d'un mensonge affreux fait dans ma première jeunesse, dont le souvenir m'a troublé toute ma vie, et vient, jusque dans ma vieillesse, contrister encore mon cœur, déjà navré de tant d'autres façons. Ce mensonge, qui fut un grand crime en lui-même, en dut être un plus grand encore par ses effets que j'ai toujours ignorés, mais que le remords m'a fait supposer aussi cruels qu'il était possible. Cependant, à ne consulter que la disposition où j'étais en le faisant, ce mensonge ne fut qu'un fruit de la mauvaise honte ; et, bien loin qu'il partît d'une intention de nuire à celle qui en fut la victime, je puis jurer à la face du ciel qu'à l'instant même où cette honte invincible me l'arrachait, j'aurais donné tout mon sang avec joie pour en détourner l'effet sur moi seul : c'est un délire que je ne puis expliquer, qu'en disant, comme je crois le sentir, qu'en cet instant mon naturel timide subjugua tous les vœux de mon cœur.

Le souvenir de ce malheureux acte, et les inextinguibles regrets qu'il m'a laissés, m'ont inspiré pour le mensonge

une horreur qui a dû garantir mon cœur
de ce vice pour le reste de ma vie.
Lorsque je pris ma devise, je me sentais fait pour la mériter, et je ne doutais pas que j'en fusse digne, quand, sur
le mot de l'abbé Royou, je commençai
de m'examiner plus sérieusement.

Alors, en m'épluchant avec plus de
soin, je fus bien surpris du nombre de
choses de mon invention que je me rappelais avoir dites comme vraies dans le
temps où, fier en moi-même de mon
amour pour la vérité, je lui sacrifiais
ma sûreté, mes intérêts, ma personne,
avec une impartialité dont je ne connais
nul autre exemple parmi les humains.

Ce qui me surprit le plus était qu'en
me rappelant ces choses controuvées,
je n'en sentais aucun vrai repentir. Moi
dont l'horreur pour la fausseté n'a rien
dans mon cœur qui la balance, moi qui
braverais les supplices s'il fallait les
éviter par un mensonge, par quelle
bizarre inconséquence mentais-je ainsi
de gaieté de cœur sans nécessité, sans
profit ; et par quelle inconcevable con-

tradiction n'en sentais-je pas le moindre regret, moi que le remords d'un mensonge n'a cessé d'affliger pendant cinquante ans ? Je ne me suis jamais endurci sur mes fautes : l'instinct moral m'a toujours bien conduit, ma conscience a gardé sa première intégrité ; et quand même elle se serait altérée en se pliant à mes intérêts, comment, gardant toute sa droiture dans les occasions où l'homme, forcé par ses passions, peut au moins s'excuser sur sa faiblesse, la perd-elle uniquement dans les choses indifférentes où le vice n'a point d'excuse ? Je vis que de la solution de ce problème dépendait la justesse du jugement que j'avais à porter en ce point sur moi-même ; et, après l'avoir bien examiné, voici de quelle manière je parvins à me l'expliquer.

Je me souviens d'avoir lu dans un livre de philosophie que mentir c'est cacher une vérité que l'on doit manifester. Il suit bien de cette définition que taire une vérité qu'on n'est pas obligé de dire n'est pas mentir : mais celui qui, non content en pareil cas de ne pas dire la vérité, dit le contraire, ment-il alors, ou ne ment-il pas ? Selon la définition, l'on ne saurait dire qu'il ment ; car s'il donne de la fausse monnaie à un homme auquel il ne doit rien, il trompe cet homme sans doute, mais il ne le vole pas.

Il se présente ici deux questions à examiner, très importantes l'une et l'autre : la première, quand et comment on doit à autrui la vérité, puisqu'on ne la doit pas toujours ; la seconde, s'il est des cas où l'on puisse tromper innocemment. Cette seconde question est très décidée, je le sais bien : négativement dans les livres, où la plus austère morale ne coûte rien à l'auteur ; affirmativement dans la société, où la morale des livres passe pour un bavardage impossible à pratiquer. Laissons donc ces autorités qui se contredisent, et cherchons, par mes propres principes, à résoudre pour moi ces questions.

La vérité générale et abstraite est le plus précieux de tous les biens : sans elle l'homme est aveugle ; elle est l'œil de la raison. C'est par elle que l'homme apprend à se conduire, à être ce qu'il doit être, à faire ce qu'il doit faire, à tendre à sa véritable fin. La vérité particulière et individuelle n'est pas toujours un bien ; elle est quelquefois un mal, très souvent une chose indifférente. Les choses qu'il importe à un homme de savoir, et dont la connaissance est nécessaire à son bonheur, ne sont peut-être pas en grand nombre ; mais, en quelque nombre qu'elles soient, elles sont un bien qui lui appartient, qu'il a droit de réclamer partout où il le trouve, et dont on ne peut le frustrer sans commettre le plus inique de tous les vols, puisqu'elle est de ces biens communs à tous, dont la communication n'en prive point celui qui le donne.

Quant aux vérités qui n'ont aucune sorte d'utilité, ni pour l'instruction ni dans la pratique, comment seraient-elles un bien dû, puisqu'elles ne sont pas même un bien ? et puisque la propriété n'est fondée que sur l'utilité, où

il n'y a point d'utilité possible il ne peut
y avoir de propriété. On peut réclamer
un terrain quoique stérile, parce qu'on
peut au moins habiter sur le sol : mais
qu'un fait oiseux, indifférent à tous
égards et sans conséquence pour personne, soit vrai ou faux, cela n'intéresse
qui que ce soit. Dans l'ordre moral rien
n'est inutile, non plus que dans l'ordre
physique : rien ne peut être dû de ce
qui n'est bon à rien ; pour qu'une chose
soit due, il faut qu'elle soit ou puisse
être utile. Ainsi, la vérité due est celle
qui intéresse la justice ; et c'est profaner
ce nom sacré de vérité que de l'appli-
quer aux choses vaines dont l'existence
est indifférente à tous, et dont la connaissance est inutile à tout. La vérité,
dépouillée de toute espèce d'utilité
même possible, ne peut donc pas être
une chose due, et, par conséquent, celui
qui la tait ou qui la déguise ne ment
point.

Mais est-il de ces vérités si parfaitement stériles qu'elles soient de tout
point inutiles à tout ! C'est un autre

article à discuter, et auquel je reviendrai tout à l'heure. Quant à présent, passons à la seconde question.

Ne pas dire ce qui est vrai, et dire ce qui est faux, sont deux choses très différentes, mais dont peut néanmoins résulter le même effet, car ce résultat est assurément bien le même toutes les fois que cet effet est nul. Partout où la vérité est indifférente, l'erreur contraire est indifférente aussi : d'où il suit qu'en pareil cas celui qui trompe en disant le contraire de la vérité n'est pas plus injuste que celui qui trompe en ne la déclarant pas ; car, en fait de vérités inutiles, l'erreur n'a rien de pire que l'ignorance. Que je croie le sable qui est au fond de la mer blanc ou rouge, cela ne m'importe pas plus que d'ignorer de quelle couleur il est. Comment pourrait-on être injuste en ne nuisant à personne, puisque l'injustice ne consiste que dans le tort fait à autrui ?

Mais ces questions, ainsi sommairement décidées, ne sauraient me fournir encore aucune application sûre pour la

pratique, sans beaucoup d'éclaircisse-
ments préalables nécessaires pour faire
avec justesse cette application dans
tous les cas qui peuvent se présenter ;
car si l'obligation de dire la vérité n'est
fondée que sur son utilité, comment me
constituerai-je juge de cette utilité ?
Très souvent l'avantage de l'un fait le
préjudice de l'autre ; l'intérêt particulier
est presque toujours en opposition avec
l'intérêt public. Comment se conduire en pareil cas ? Faut-il sacrifier
l'utilité de l'absent à celle de la personne à qui l'on parle ? faut-il taire ou
dire la vérité qui, profitant à l'un, nuit
à l'autre ? faut-il peser tout ce que l'on
doit dire à l'unique balance du bien public, ou à celle de la justice distributive ?
et suis-je assuré de connaître assez tous
les rapports de la chose pour ne dis-
penser les lumières dont je dispose que
sur les règles de l'équité ? De plus, en
examinant ce qu'on doit aux autres,
ai-je examiné suffisamment ce qu'on se
doit à soi-même, ce qu'on doit à la vérité
pour elle seule ? Si je ne fais aucun tort

à un autre en le trompant, s'ensuit-il
que je ne m'en fasse point à moi-même,
et suffit-il de n'être jamais injuste pour
être toujours innocent?

Que d'embarrassantes discussions
dont il serait aisé de se tirer en disant :
Soyons toujours vrais, au risque de tout
ce qui peut en arriver. La justice elle-
même est dans la vérité des choses : le
mensonge est toujours iniquité, l'erreur
est toujours imposture quand on donne
ce qui n'est pas pour la règle de ce qu'on
doit faire ou croire ; et, quelque effet
qui résulte de la vérité, on est toujours
inculpable quand on l'a dite, parce
qu'on n'y a rien mis du sien.

Mais c'est là trancher la question sans
la résoudre : il ne s'agissait pas de pro-
noncer s'il serait bon de dire toujours
la vérité, mais si l'on y était toujours également obligé, et, sur la définition que
j'examinais, supposant que non, de distinguer les cas où la vérité est rigoureusement due, de ceux où l'on peut la taire
sans injustice et la déguiser sans mensonge ; car j'ai trouvé que de tels cas

existaient réellement. Ce dont il s'agit est donc de chercher une règle sûre pour les connaître et les bien déterminer.

Mais d'où tirer cette règle et la preuve de son infaillibilité ?... Dans toutes les questions de morale difficiles comme celle-ci, je me suis toujours bien trouvé de les résoudre par le dictamen de ma conscience, plutôt que par les lumières de ma raison : jamais l'instinct moral ne m'a trompé ; il a gardé jusqu'ici sa pureté dans mon cœur, assez pour que je puisse m'y confier ; et, s'il se tait quelquefois devant mes passions dans ma conduite, il reprend bien son empire sur elles dans mes souvenirs ; c'est là que je me juge moi-même avec autant de sévérité peut-être que je serai jugé par le souverain Juge après cette vie.

Juger des discours des hommes par les effets qu'ils produisent, c'est souvent mal les apprécier. Outre que ces effets ne sont pas toujours sensibles et faciles à connaître, ils varient à l'infini comme les circonstances dans lesquelles ces discours sont tenus ; mais c'est uniquement l'intention de celui qui les tient qui les apprécie, et détermine leur degré de malice ou de bonté. Dire faux n'est mentir que par l'intention de tromper, et l'intention même de tromper, loin d'être toujours jointe avec celle de nuire, a quelquefois un but tout contraire : mais pour rendre un mensonge innocent il ne suffit pas que l'intention de nuire ne soit pas expresse, il faut de plus la certitude que l'erreur dans laquelle on jette ceux à qui l'on parle ne peut nuire à eux ni à personne, en quelque façon que ce soit. Il est rare et difficile qu'on puisse avoir cette certitude ; aussi est-il difficile et rare qu'un mensonge soit parfaitement innocent. Mentir pour son avantage à soi-même est imposture, mentir pour l'avantage d'autrui est fraude, mentir pour nuire est calomnie ; c'est la pire espèce de mensonge : mentir sans profit ni préjudice de soi ni d'autrui, n'est pas mentir ; ce n'est pas mensonge, c'est fiction.

Les fictions qui ont un objet moral s'appellent apologues ou fables ; et,

comme leur objet n'est ou ne doit être
que d'envelopper des vérités utiles sous
des formes sensibles et agréables, en
pareil cas on ne s'attache guère à cacher
le mensonge de fait, qui n'est que l'habit
de la vérité ; et celui qui ne débite une
fable que pour une fable ne ment en
aucune façon.

Il est d'autres fictions purement oiseuses, telles que sont la plupart des contes
et des romans qui, sans renfermer aucune instruction véritable, n'ont pour
objet que l'amusement. Celles-là, dé-
pouillées de toute utilité morale, ne peuvent s'apprécier que par l'intention de
celui qui les invente ; et, lorsqu'il les
débite avec affirmation comme des vérités réelles, on ne peut guère disconvenir
qu'elles ne soient de vrais mensonges.
Cependant, qui jamais s'est fait un
grand scrupule de ces mensonges-là, et
qui jamais en a fait un reproche grave
à ceux qui les font ? S'il y a, par exemple, quelque objet moral dans *le Temple
de Gnide*, cet objet est bien offusqué et
gâté par les détails voluptueux et par

les images lascives. Qu'a fait l'auteur
pour couvrir cela d'un vernis de modes-
tie ? Il a feint que son ouvrage était la
traduction d'un manuscrit grec, et il a
fait l'histoire de la découverte de ce manuscrit de la façon la plus propre à persuader ses lecteurs de la vérité de son
récit. Si ce n'est pas là un mensonge
bien positif, qu'on me dise donc ce que
c'est que mentir ? Cependant qui est-ce
qui s'est avisé de faire à l'auteur un
crime de ce mensonge, et de le traiter
pour cela d'imposteur ?

On dira vainement que ce n'est là
qu'une plaisanterie ; que l'auteur, tout
en affirmant, ne voulait persuader personne ; qu'il n'a persuadé personne en
effet, et que le public n'a pas douté un
moment qu'il ne fut lui-même l'auteur
de l'ouvrage prétendu grec dont il se
donnait pour le traducteur. Je répon-
drai qu'une pareille plaisanterie sans
aucun objet n'eût été qu'un bien sot enfantillage ; qu'un menteur ne ment pas
moins quand il affirme, quoiqu'il ne
persuade pas ; qu'il faut détacher du

7

public instruit des multitudes de lecteurs simples et crédules, à qui l'histoire du manuscrit, narrée par un auteur grave avec un air de bonne foi, en a réellement imposé, et qui ont bu sans crainte, dans une coupe de forme antique, le poison dont ils se seraient au moins défiés s'il eût été présenté dans un vase moderne.

Que ces distinctions se trouvent ou non dans les livres, elles ne s'en font pas moins dans le cœur de tout homme de bonne foi avec lui-même, qui ne veut rien se permettre que sa conscience ne puisse lui reprocher ; car dire une chose fausse à son avantage n'est pas moins mentir que si on la disait au préjudice d'autrui, quoique le mensonge soit moins criminel. Donner l'avantage à qui ne doit pas l'avoir, c'est troubler l'ordre de la justice ; attribuer faussement à soi-même ou à autrui un acte d'où peut résulter louange ou blâme, inculpation ou disculpation, c'est faire une chose injuste : or tout ce qui, contraire à la vérité, blesse la justice en quelque façon que ce soit, c'est mensonge. Voilà la limite exacte : mais tout ce qui, contraire à la vérité, n'intéresse la justice en aucune sorte, n'est que fiction, et j'avoue que quiconque se reproche une pure fiction comme un mensonge a la conscience plus délicate que moi.

Ce qu'on appelle mensonges officieux sont de vrais mensonges, parce qu'en imposer à l'avantage soit d'autrui, soit de soi-même, n'est pas moins injuste que d'en imposer à son détriment : quiconque loue ou blâme contre la vérité ment, dès qu'il s'agit d'une personne réelle. S'il s'agit d'un être imaginaire, il en peut dire tout ce qu'il veut sans mentir, à moins qu'il ne juge sur la moralité des faits qu'il invente, et qu'il n'en juge faussement ; car alors s'il ne ment pas dans le fait, il ment contre la vérité morale, cent fois plus respectable que celle des faits.

J'ai vu de ces gens qu'on appelle vrais dans le monde : toute leur véracité s'épuise dans les conversations oiseuses à citer fidèlement les lieux, les temps, les personnes ; à ne se permettre aucune fiction, à ne broder aucune circonstance, à ne rien exagérer. En tout ce qui ne touche point à leur intérêt, ils sont dans leurs narrations de la plus inviolable fidélité : mais s'agit-il de traiter quelque affaire qui les regarde, de narrer quelque fait qui les touche de près, toutes les couleurs sont employées pour présenter les choses sous le jour qui leur est le plus avantageux ; et si le mensonge leur est utile et qu'ils s'abstiennent de le dire eux-mêmes, ils le favorisent avec adresse, et font en sorte qu'on l'adopte sans le leur imputer. Ainsi le veut la prudence : adieu la véracité.

L'homme que j'appelle *vrai* fait tout le contraire. En choses parfaitement indifférentes, la vérité, qu'alors l'autre respecte si fort, le touche fort peu, et il ne se fera guère de scrupule d'amuser une compagnie par des faits controuvés dont il ne résulte aucun jugement injuste, ni pour ni contre qui que ce soit, vivant ou mort : mais tout discours qui produit pour quelqu'un profit ou dommage, estime ou mépris, louange ou blâme, contre la justice et la vérité, est un mensonge qui jamais n'approchera de son cœur, ni de sa bouche, ni de sa plume. Il est solidement *vrai*, même contre son intérêt, quoiqu'il se pique assez peu de l'être dans les conversations oiseuses : il est *vrai* en ce qu'il ne cherche à tromper personne, qu'il est aussi fidèle à la vérité qui l'accuse qu'à celle qui l'honore, et qu'il n'en impose jamais pour son avantage, ni pour nuire à son ennemi. La différence donc qu'il y a entre mon homme *vrai* et l'autre, est que celui du monde est très rigoureusement fidèle à toute vérité qui ne lui coûte rien, mais pas au-delà ; et que le mien ne la sert jamais si fidèlement que quand il faut s'immoler pour elle.

Mais, dirait-on, comment accorder ce relâchement avec cet ardent amour pour la vérité dont je le glorifie ? Cet amour est donc faux, puisqu'il souffre tant d'alliage ? Non ; il est pur et vrai ;

mais il n'est qu'une émanation de l'amour de la justice, et ne veut jamais être faux, quoiqu'il soit souvent fabuleux. Justice et vérité sont dans son esprit deux mots synonymes, qu'il prend l'un pour l'autre indifféremment : la sainte vérité, que son cœur adore, ne consiste point en faits indifférents et en noms inutiles, mais à rendre fidèlement à chacun ce qui lui est dû en choses qui sont véritablement siennes, en imputations bonnes ou mauvaises, en rétributions d'honneur ou de blâme, de louange ou d'improbation ; il n'est ni faux ni contre autrui, parce que son équité l'en empêche et qu'il ne veut nuire à personne injustement, ni pour lui-même, parce que sa conscience l'en empêche, et qu'il ne saurait s'approprier ce qui n'est pas à lui. C'est surtout de sa propre estime qu'il est jaloux : c'est le bien dont il peut le moins se passer, et il sentirait une perte réelle d'acquérir celle des autres au dépens de ce bien-là. Il mentira donc quelquefois en choses indifférentes sans scrupules et sans croire mentir, jamais pour le dommage ou le profit d'autrui ni de lui-même : en tout ce qui tient aux vérités historiques, en tout ce qui a trait à la conduite des hommes, à la sociabilité, aux lumières utiles, il garantira de l'erreur et lui-même, et les autres, autant qu'il dépendra de lui. Tout mensonge hors de là, selon lui, n'en est pas un. Si *le Temple de Gnide* est un ouvrage utile, l'histoire du manuscrit grec n'est qu'une fiction très innocente : elle est un mensonge très punissable si l'ouvrage est dangereux.

Telles furent mes règles de conscience sur le mensonge et sur la vérité : mon cœur suivait machinalement ces règles avant que ma raison les eût adoptées, et l'instinct moral en fit seul l'application. Le criminel mensonge dont la pauvre Marion fut la victime m'a laissé d'ineffaçables remords, qui m'ont garanti tout le reste de ma vie non seulement de tout mensonge de cette espèce, mais de tous ceux qui, de quelque façon que ce pût être, pouvaient toucher l'intérêt et la réputation d'autrui. En gé-

néralisant ainsi l'exclusion, je me suis
dispensé de peser exactement l'avantage et le préjudice, et de marquer les
limites précises du mensonge officieux :
en regardant l'un et l'autre comme cou-
pables, je me les suis interdits tous les
deux.

En ceci comme en tout le reste, mon
tempérament a beaucoup influé sur mes
maximes, ou plutôt sur mes habitudes ;
car je n'ai guère agi par règles, ou n'ai
guère suivi d'autres règles en toute
chose que les impulsions de mon naturel.
Jamais mensonge prémédité n'approcha
de ma pensée, jamais je n'ai menti pour
mon intérêt ; mais souvent j'ai menti
par honte pour me tirer d'embarras en
choses indifférentes, ou qui n'intéres-
saient tout au plus que moi seul, lorsque, ayant à soutenir un entretien, la
lenteur de mes idées et l'aridité de ma
conversation me forçaient de recourir
aux fictions pour avoir quelque chose à
dire. Quand il faut nécessairement
parler et que des vérités amusantes ne
se présentent pas assez tôt à mon esprit,

je débite des fables pour ne pas demeu-
rer muet ; mais dans l'invention de ces
fables j'ai soin, tant que je puis, qu'elles
ne soient pas des mensonges, c'est-à-
dire qu'elles ne blessent ni la justice ni
la vérité, et qu'elles ne soient que des
fictions indifférentes à tout le monde et
à moi. Mon désir serait bien d'y substi-
tuer au moins à la vérité des faits une vérité morale, c'est-à-dire d'y bien représenter les affections naturelles au cœur
humain, et d'en faire sortir toujours
quelque instruction utile, d'en faire, en
un mot, des contes moraux, des apologues ; mais il faudrait plus de présence
d'esprit que je n'en ai, et plus de facilité
dans la parole, pour savoir mettre à profit, pour l'instruction, le babil de la conversation. Sa marche, plus rapide que
celle de mes idées, me forçant presque
toujours de parler avant de penser, m'a
souvent suggéré des sottises et des inep-
ties que ma raison désapprouvait et que
mon cœur désavouait à mesure qu'elles
échappaient de ma bouche, mais qui,
précédant mon propre jugement, ne pou-

vaient plus être réformées par sa censure.

C'est encore par cette première et irrésistible impulsion du tempérament que, dans des moments imprévus et rapides, la honte et la timidité m'arrachent souvent des mensonges auxquels ma volonté n'a point de part, mais qui la précèdent en quelque sorte par la nécessité de répondre à l'instant. L'impression profonde du souvenir de la pauvre Marion peut bien retenir toujours ceux qui pourraient être nuisibles à d'autres, mais non pas ceux qui peuvent servir à me tirer d'embarras quand il s'agit de moi seul ; ce qui n'est pas moins contre ma conscience et mes principes que ceux qui peuvent influer sur le sort d'autrui.

J'atteste le ciel que si je pouvais l'instant d'après retirer le mensonge qui m'excuse, et dire la vérité qui me charge, sans me faire un nouvel affront en me rétractant, je le ferais de tout mon cœur ; mais la honte de me prendre ainsi moi-même en faute me retient encore, et je me repens très sincèrement

de ma faute, sans néanmoins l'oser réparer. Un exemple expliquera mieux ce
que je veux dire, et montrera que je ne
mens ni par intérêt ni par amour-propre, encore moins par envie ou par malignité, mais uniquement par embarras
et mauvaise honte, sachant même très
bien quelquefois que ce mensonge est
connu pour tel, et ne peut me servir du
tout à rien.

Il y a quelque temps que M. F***
m'engagea, contre mon usage, à aller,
avec ma femme, dîner, en manière de
pique-nique, avec lui et M. B***, chez
la dame***, restauratrice, laquelle et ses
deux filles dînèrent aussi avec nous. Au
milieu du dîner, l'aînée, qui est mariée
depuis peu et qui était grosse, s'avisa
de me demander, en me fixant, si j'avais
eu des enfants. Je répondis, en rougis-
sant jusqu'aux yeux, que je n'avais pas
eu ce bonheur. Elle sourit malignement
en regardant la compagnie : tout cela
n'était pas bien obscur, même pour moi.

Il est clair d'abord que cette réponse
n'est point celle que j'aurais voulu faire,

quand même j'aurais eu l'intention d'en imposer ; car, dans la disposition où je voyais les convives, j'étais bien sûr que ma réponse ne changeait rien à leur opinion sur ce point. On s'attendait à cette négative, on la provoquait même, pour jouir du plaisir de m'avoir fait mentir. Je n'étais pas assez bouché pour ne pas sentir cela. Deux minutes après, la réponse que j'aurais dû faire me vint d'elle-même. « Voilà une question peu discrète, de la part d'une jeune femme, à un homme qui a vieilli garçon. » En parlant ainsi, sans mentir, sans avoir à rougir d'aucun aveu, je mettais les rieurs de mon côté, et je lui faisais une petite leçon qui, naturellement, devait la rendre un peu moins impertinente à me questionner. Je ne fis rien de tout cela, je ne dis point ce qu'il fallait dire, je dis ce qu'il ne fallait pas, et qui ne pouvait me servir de rien. Il est donc certain que ni mon jugement ni ma volonté ne dictèrent ma réponse, et qu'elle fut l'effet machinal de mon embarras. Autrefois, je n'avais point cet embarras, et je faisais l'aveu de mes fautes avec plus de franchise que de honte, parce que je ne doutais pas qu'on ne vît ce qui les rachetait et que je sentais au dedans de moi ; mais l'œil de la malignité me navre et me déconcerte : en devenant plus malheureux, je suis devenu plus timide, et jamais je n'ai menti que par timidité.

Je n'ai jamais mieux senti mon aversion pour le mensonge qu'en écrivant mes *Confessions* ; car c'est là que les tentations auraient été fréquentes et fortes, pour peu que mon penchant m'eût porté de ce côté ; mais loin d'avoir rien tu, rien dissimulé qui fut à ma charge, par un tour d'esprit que j'ai peine à m'expliquer, et qui vient peut-être d'éloignement pour toute imitation, je me sentais plutôt porter à mentir dans le sens contraire en m'accusant avec trop de sévérité qu'en m'excusant avec trop d'indulgence ; et ma conscience m'assure qu'un jour je serai jugé moins sévèrement que je ne me suis jugé moi-même. Oui, je le dis et le sens avec une fière

élévation d'âme, j'ai porté dans cet écrit
la bonne boi, la véracité, la franchise,
aussi loin, plus loin même (au moins je
le crois) que ne fit jamais aucun autre
homme ; sentant que le bien surpassait
le mal, j'avais mon intérêt à tout dire
et j'ai tout dit.

Je n'ai jamais dit moins ; j'ai dit plus
quelquefois, non dans les faits, mais
dans les circonstances, et cette espèce
de mensonge fut plutôt l'effet du délire
de l'imagination qu'un acte de volonté ;
j'ai tort de l'appeler mensonge, car aucune de ces additions n'en fut un. J'écrivais mes *Confessions*, déjà vieux et dégoûté des vains plaisirs de la vie que
j'avais tous effleurés, et dont mon cœur
avait bien senti le vide. Je les écrivais
de mémoire ; cette mémoire me manquait
souvent ou ne me fournissait que des
souvenirs imparfaits, et j'en remplissais
les lacunes par des détails que j'imaginais en supplément de ces souvenirs,
mais qui ne leur étaient jamais contrai-
res. J'aimais à m'étendre sur les moments heureux de ma vie, et je les em-

bellissais quelquefois des ornements
que de tendres regrets venaient me fournir. Je disais les choses que j'avais ou-
bliées comme il me semblait qu'elles
avaient dû être, comme elles avaient
été peut-être en effet ; jamais au contraire de ce que je me rappelais qu'elles
avaient été. Je prêtais quelquefois à la
vérité des charmes étrangers, mais jamais je n'ai mis le mensonge à la place
pour pallier mes vices, ou pour m'arro-
ger des vertus.

Que si quelquefois, sans y songer,
par un mouvement involontaire, j'ai caché le côté difforme, en me peignant de
profil, ces réticences ont bien été com-
pensées par d'autres réticences plus bi-
zarres, qui m'ont souvent fait taire le
bien plus soigneusement que le mal. Ceci
est une singularité de mon naturel qu'il
est fort pardonnable aux hommes de ne
pas croire, mais qui, tout incroyable
qu'elle est, n'en est pas moins réelle :
j'ai souvent dit le mal dans toute sa tur-
pitude, j'ai rarement dit le bien dans
tout ce qu'il eut d'aimable, et souvent

je l'ai tu parce qu'il m'honorait trop, et que, faisant mes *Confessions*, j'aurais l'air d'avoir fait mon éloge. J'ai décrit mes jeunes ans sans me vanter des heureuses qualités dont mon cœur était doué, et même en supprimant les faits qui les mettaient trop en évidence. Je m'en rappelle ici deux de ma première enfance, qui, tous deux, sont bien venus à mon souvenir en écrivant, mais que j'ai rejetés l'un et l'autre par l'unique raison dont je viens de parler.

J'allais presque tous les dimanches passer la journée aux Pâquis, chez M. Fazy, qui avait épousé une de mes tantes, et qui avait là une fabrique d'indiennes. Un jour j'étais à l'étendage, dans la chambre de la calandre, et j'en regardais les rouleaux de fonte ; leur luisant flattait ma vue ; je fus tenté d'y poser mes doigts, et je les promenais avec plaisir sur le lissé du cylindre, quand le jeune Fazy s'étant mis dans la roue lui donna un demi-quart de tour si adroitement, qu'il n'y prit que le bout de mes deux plus longs doigts ; mais

c'en fut assez pour qu'ils y fussent écra-
sés par le bout et que les deux ongles y
restassent. Je fis un cri perçant ; Fazy
détourne à l'instant la roue, mais les
ongles ne restèrent pas moins au cylindre, et le sang ruisselait de mes doigts.
Fazy, consterné, s'écrie, sort de la roue,
m'embrasse, et me conjure d'apaiser
mes cris, ajoutant qu'il était perdu. Au
fort de ma douleur la sienne me toucha ;
je me tus, nous fûmes à la carpière, où
il m'aida à laver mes doigts, et à étancher mon sang avec de la mousse. Il me
supplia avec larmes de ne point l'accu-
ser : je le promis, et je tins si bien que,
plus de vingt ans après, personne ne
savait par quelle aventure j'avais deux
de mes doigts cicatrisés ; car ils le sont
demeurés toujours. Je fus détenu dans
mon lit plus de trois semaines, et plus
de deux mois hors d'état de me servir
de ma main, disant toujours qu'une
grosse pierre, en tombant, m'avait écrasé
mes doigts.

Magnanima menzogna ! or quando è il vero
Si bello, che si possa a te preporre ?

8

Cet accident me fut pourtant bien sensible par la circonstance, car c'était le temps des exercices où l'on faisait manœuvrer la bourgeoisie ; et nous avions fait un rang de trois autres enfants de mon âge, avec lesquels je devais, en uniforme, faire l'exercice avec la compagnie de mon quartier. J'eus la douleur d'entendre le tambour de la compagnie, passant sous ma fenêtre avec mes trois camarades, tandis que j'étais dans mon lit.

Mon autre histoire est toute semblable, mais d'un âge plus avancé.

Je jouais au mail, à Plain-Palais, avec un de mes camarades appelé Plince. Nous prîmes querelle au jeu ; nous nous battîmes, et durant le combat il me donna sur la tête nue un coup de mail si bien appliqué, que, d'une main plus forte, il m'eût fait sauter la cervelle. Je tombe à l'instant. Je ne vis de ma vie une agitation pareille à celle de ce pauvre garçon, voyant mon sang ruisseler dans mes cheveux. Il crut m'avoir tué. Il se précipite sur moi, m'embrasse, me serre étroitement en fondant en larmes, et poussant des cris perçants. Je l'embrassai aussi de toute ma force, en pleurant comme lui dans une émotion confuse qui n'était pas sans quelque douceur. Enfin, il se mit en devoir d'étancher mon sang qui continuait de couler ; et voyant que nos deux mouchoirs n'y pouvaient suffire, il m'entraîna chez sa mère, qui avait un petit jardin près de là. Cette bonne dame faillit se trouver mal en me voyant dans cet état, mais elle sut conserver des forces pour me panser ; et, après avoir bien bassiné ma plaie, elle y appliqua des fleurs de lis macérées dans l'eau-de-vie ; vulnéraire excellent, et très usité dans notre pays. Ses larmes et celles de son fils pénétrèrent mon cœur au point que longtemps je la regardai comme ma mère et son fils comme mon frère, jusqu'à ce qu'ayant perdu l'un et l'autre de vue, je les oubliai peu à peu.

Je gardai le même secret sur cet accident que sur l'autre, et il m'en est arrivé cent autres de pareille nature en ma vie, dont je n'ai pas même été tenté de parler dans mes *Confessions*, tant j'y cherchais peu l'art de faire valoir le bien que je sentais dans mon caractère. Non, quand j'ai parlé contre la vérité qui m'était connue, ce n'a jamais été qu'en choses indifférentes, et plus, ou par l'embarras de parler, ou pour le plaisir d'écrire que par aucun motif d'intérêt pour moi, ni d'avantage ou de préjudice d'autrui : et quiconque lira mes *Confessions* impartialement, si jamais cela arrive, sentira que les aveux que j'y fais sont plus humiliants, plus pénibles à faire que ceux d'un mal plus grand, mais moins honteux à dire, et que je n'ai pas dit parce je ne l'ai pas fait.

Il suit de toutes ces réflexions que la profession de la véracité que je me suis faite a plus son fondement sur des sentiments de droiture et d'équité que sur la réalité des choses, et que j'ai plus suivi, dans la pratique, les directions morales de ma conscience, que les notions abstraites du vrai et du faux. J'ai souvent débité bien des fables, mais très rarement menti. En suivant ces principes, j'ai donné sur moi beaucoup de prise aux autres, mais je n'ai fait tort à qui que ce fut, et je ne me suis point attribué à moi-même plus d'avantage qu'il ne m'en étais dû. C'est uniquement par là, ce me semble, que la vérité est une vertu. A tout autre égard, elle n'est pour nous qu'un être métaphysique, dont il ne résulte ni bien ni mal.

Je ne sens pourtant pas mon cœur assez content de ces distinctions pour me croire tout à fait irrépréhensible. En pesant avec tant de soins ce que je devais aux autres, ai-je assez examiné ce que je me devais à moi-même ? S'il faut être juste pour autrui, il faut être vrai pour soi ; c'est un hommage que l'honnête homme doit rendre à sa propre dignité. Quand la stérilité de ma conversation me forçait d'y suppléer par d'innocentes fictions, j'avais tort, parce qu'il ne faut point, pour amuser autrui, s'avilir soi-même ; et quand, entraîné

CINQUIEME PROMENADE

E toutes les habitations où j'ai demeuré (et j'en ai eu de charmantes), aucune ne m'a rendu si vériblement heureux et ne m'a laissé de si tendres regrets que l'île de Saint-Pierre, au milieu du lac de Bienne. Cette petite île, qu'on appelle à Neufchâtel l'île de La Motte, est bien peu connue, même en Suisse. Aucun voyageur, que je sache, n'en fait mention. Cependant elle est très agréable, et singulièrement située pour le bonheur d'un homme qui aime à se circonscrire ; car, quoique je sois peut-être le seul au monde à qui sa destinée en ait fait une loi, je ne puis croire être le seul qui ait un goût si naturel, quoique je ne l'aie trouvé jusqu'ici chez nul autre.

Les rives du lac de Bienne sont plus sauvages et romantiques que celles du lac de Genève, parce que les rochers et les bois y bordent l'eau de plus près ; mais elles ne sont pas moins riantes. S'il y a moins de culture de champs et de vignes, moins de villes et de maisons, il y a aussi plus de verdure naturelle, plus de prairies, d'asiles ombragés de bocages, de contrastes plus fréquents et des accidents plus rapprochés. Comme il n'y a pas sur ces heureux bords de grandes routes commodes pour les voitures, le pays est peu fréquenté par les voyageurs ; mais il est intéressant pour des contemplatifs solitaires qui aiment à s'enivrer à loisir des charmes de la nature, et à se recueillir dans un silence que ne trouble aucun autre bruit que le cri des aigles, le ramage entrecoupé de quelques oiseaux, et le roulement des torrents qui tombent de la montagne. Ce beau bassin, d'une forme presque ronde, renferme dans son milieu deux petites îles, l'une habitée et cultivée, d'environ une demi-lieue de tour ; l'autre plus petite, déserte et en friche, et qui sera détruite à la fin par les transports de la terre qu'on en ôte sans cesse pour réparer les dégâts que les vagues et les orages font à la grande. C'est ainsi que la substance du faible est toujours employée au profit du puissant.

Il n'y a dans l'île qu'une seule maison, mais grande, agréable et commode, qui appartient à l'hôpital de Berne, ainsi que l'île, et où loge un receveur avec sa famille et ses domestiques. Il y entretient une nombreuse basse-cour, une volière et des réservoirs pour le poisson. L'île, dans sa petitesse, est tellement variée dans ses terrains et ses aspects, qu'elle offre toutes sortes de sites et souffre toutes sortes de cultures. On y trouve des champs, des vignes, des bois, des vergers, de gras pâturages ombragés de bosquets, et bordés d'arbrisseaux de toute espèce, dont le bord des eaux entretient la fraîcheur ; une haute terrasse plantée de deux rangs d'arbres borde l'île dans sa longueur, et dans le milieu de cette terrasse on a bâti un joli salon, où les habitants des rives voisines se rassemblent et viennent danser les dimanches durant les vendanges.

C'est dans cette île que je me réfugiai après la lapidation de Motiers. J'en trouvai le séjour si charmant, j'y menais une vie si convenable à mon humeur, que, résolu d'y finir mes jours, je n'avais d'autre inquiétude sinon qu'on ne me laissât pas exécuter ce projet, qui ne s'accordait pas avec celui de m'entraîner en Angleterre, dont je sentais déjà les premiers effets. Dans les pressentiments qui m'inquiétaient, j'aurais voulu qu'on m'eût fait de cet asile une prison perpétuelle, qu'on m'eût confiné pour toute ma vie, et qu'en m'ôtant

toute puissance et tout espoir d'en sortir,
on m'eût interdit toute espèce de communication avec la terre ferme, de sorte
qu'ignorant tout ce qui se faisait dans
le monde j'en eusse oublié l'existence,
et qu'on y eût oublié la mienne aussi.

On ne m'a laissé passer guère que
deux mois dans cette île, mais j'y aurais
passé deux ans, deux siècles, et toute
l'éternité, sans m'y ennuyer un moment,
quoique je n'y eusse, avec ma compa-
gne, d'autre société que celle du receveur, de sa femme, et de ses domestiques, qui tous étaient à la vérité de très
bonnes gens, et rien de plus ; mais
c'était précisément ce qu'il me fallait.
Je compte ces deux mois pour le temps
le plus heureux de ma vie, et tellement
heureux, qu'il m'eût suffi durant toute
mon existence, sans laisser naître un
seul instant dans mon âme le désir d'un
autre état.

Quel était donc ce bonheur, et en
quoi consistait sa jouissance ? Je le don-
nerais à deviner à tous les hommes de
ce siècle, sur la description de la vie

que j'y menais. Le précieux *far niente* fut la première et la principale de ces jouissances que je voulus savourer dans toute sa douceur ; et tout ce que je fis durant mon séjour ne fut en effet que l'occupation délicieuse et nécessaire d'un homme qui s'est dévoué à l'oisiveté.

L'espoir qu'on ne demanderait pas mieux que de me laisser dans ce séjour isolé où je m'étais enlacé de moi-même, dont il m'était impossible de sortir sans assistance et sans être bien aperçu, et où je ne pouvais avoir ni communication ni correspondance que par le concours des gens qui m'entouraient ; cet espoir, dis-je, me donnait celui de finir mes jours plus tranquillement que je ne les avais passés ; et l'idée que j'aurais le temps de m'y arranger tout à loisir fit que je commençai par n'y faire aucun arrangement. Transporté là brusque-ment, seul et nu, j'y fis venir successi-vement ma gouvernante, mes livres et mon petit équipage, dont j'eus le plaisir de ne rien déballer, laissant mes caisses et mes malles comme elles étaient arri-

vées et vivant dans l'habitation où je
comptais achever mes jours comme dans
une auberge dont j'aurais dû partir le
lendemain. Toutes choses, telles qu'elles
étaient, allaient si bien, que vouloir les
mieux ranger était y gâter quelque
chose. Un de mes plus grands délices
était surtout de laisser toujours mes livres bien encaissés, et de n'avoir point
d'écritoire. Quand de malheureuses
lettres me forçaient de prendre la plume
pour y répondre, j'empruntais en murmurant l'écritoire du receveur, et je me
hâtais de la rendre, dans la vaine espérance de n'avoir plus besoin de la rem-
prunter. Au lieu de ces tristes paperas-
ses et de toute cette bouquinerie, j'em-
plissais ma chambre de fleurs et de foin ;
car j'étais alors dans ma première fer-
veur de botanique, pour laquelle le docteur d'Ivernois m'avait inspiré un goût
qui bientôt devint une passion. Ne voulant
plus d'œuvre de travail, il m'en fallait
une d'amusement qui me plût, et qui ne
me donnât de peine que celle qu'aime à
prendre un paresseux. J'entrepris de

faire la *Flora Petrinsularis*, et de décrire toutes les plantes de l'île, sans en omettre une seule, avec un détail suffisant pour m'occuper le reste de mes jours. On dit qu'un Allemand a fait un livre sur un zeste de citron ; j'en aurais fait un sur chaque gramen des prés, sur chaque mousse des bois, sur chaque lichen qui tapisse les rochers ; enfin je ne voulais pas laisser un poil d'herbe, pas un atôme végétal qui ne fût amplement décrit. En conséquence de ce beau projet, tous les matins, après le déjeuner que nous faisions tous ensemble, j'allais, une loupe à la main, et mon *Systema naturæ* sous le bras, visiter un canton de l'île, que j'avais pour cet effet divisé en petits carrés, dans l'intention de les parcourir l'un après l'autre en chaque saison. Rien n'est plus singulier que les ravissements, les extases que j'éprouvais à chaque observation que je faisais sur la structure et l'organisation végétale, et sur le jeu des parties sexuelles dans la fructification, dont le système était alors tout à fait nouveau pour moi. La distinction des caractères génériques, dont je n'avais pas auparavant la moindre idée, m'enchantait en les vérifiant sur les espèces communes, en attendant qu'il s'en offrît à moi de plus rares. La fourchure des deux longues étamines de la brunelle, le ressort de celles de l'ortie et de la pariétaire, l'explosion du fruit de la balsamine et de la capsule du bouis, mille petits jeux de la fructification, que j'observais pour la première fois, me comblaient de joie, et j'allais demandant si l'on avait vu les cornes de la brunelle, comme La Fontaine demandait si l'on avait lu Habacuc. Au bout de deux ou trois heures je m'en revenais chargé d'une ample moisson, provision d'amusement pour l'après-dînée au logis, en cas de pluie. J'employais le reste de la matinée à aller avec le receveur, sa femme et Thérèse, visiter leurs ouvriers et leur récolte, mettant le plus souvent la main à l'œuvre avec eux ; et souvent des Bernois qui me venaient voir m'ont trouvé juché sur de grands arbres, ceint

d'un sac que je remplissais de fruits, et
que je dévalais ensuite à terre avec une
corde. L'exercice que j'avais fait dans
la matinée, et la bonne humeur qui en
est inséparable, me rendaient le repos
du dîner très agréable ; mais quand il
se prolongeait trop, et que le beau
temps m'invitait, je ne pouvais si longtemps attendre ; et pendant qu'on était
encore à table, je m'esquivais, et j'allais me jeter seul dans un bateau que je
conduisais au milieu du lac quand l'eau
était calme ; et là, m'étendant tout de
mon long dans le bateau, les yeux tour-
nés vers le ciel, je me laissais aller et
dériver lentement au gré de l'eau, quelquefois pendant plusieurs heures, plongé
dans mille rêveries confuses, mais délicieuses, et qui, sans avoir aucun objet
bien déterminé, ni constant, ne lais-
saient pas d'être à mon gré cent fois
préférables à tout ce que j'avais trouvé
de plus doux dans ce qu'on appelle les
plaisirs de la vie. Souvent averti par le
baisser du soleil de l'heure de la retraite,
je me trouvais si loin de l'île, que j'étais

forcé de travailler de toutes mes forces
pour arriver avant la nuit close. D'autres fois, au lieu de m'écarter en pleine
eau, je me plaisais à côtoyer les ver-
doyantes rives de l'île, dont les limpi-
des eaux et les ombrages frais m'ont
souvent engagé à m'y baigner. Mais
une de mes navigations les plus fréquentes était d'aller de la grande à la
petite île, d'y débarquer et d'y passer
l'après-dînée, tantôt à des promenades
très circonscrites au milieu des mar-
ceaux, des bourdaines, des persicaires,
des arbrisseaux de toute espèce, et tantôt m'établissant au sommet d'un tertre
sablonneux, couvert de gazon, de ser-
polet, de fleurs même d'esparcette, et
de trèfles qu'on y avait vraisemblable-
ment semés autrefois, et très propre à
loger des lapins, qui pouvaient là multi-
plier en paix sans rien craindre, et sans
nuire à rien. Je donnai cette idée au
receveur, qui fit venir de Neufchâtel des
lapins mâles et femelles, et nous allâ-
mes en grande pompe, sa femme, une
de ses sœurs, Thérèse et moi, les éta-

blir dans la petite île, où ils commençaient à peupler avant mon départ, et où ils auront prospéré sans doute, s'ils ont pu soutenir la rigueur des hivers. La fondation de cette petite colonie fut une fête. Le pilote des Argonautes n'était pas plus fier que moi, menant en triomphe la compagnie et les lapins de la grande île à la petite ; et je notais avec orgueil que la receveuse, qui redoutait l'eau à l'excès, et s'y trouvait toujours mal, s'embarqua sous ma conduite avec confiance, et ne montra nulle peur durant la traversée.

Quand le lac agité ne me permettait pas la navigation, je passais mon après-midi à parcourir l'île, en herborisant à droite et à gauche, m'asseyant tantôt dans les réduits les plus riants et les plus solitaires, pour y rêver à mon aise, tantôt sur les terrasses et les tertres, pour parcourir des yeux le superbe et ravissant coup d'œil du lac et de ses rivages, couronnés d'un côté par des montagnes prochaines, et, de l'autre, élargis en riches et fertiles plaines, dans lesquelles la vue s'étendait jusqu'aux montagnes bleuâtres, plus éloignées, qui la bornaient.

Quand le soir approchait, je descendais des cimes de l'île, et j'allais volontiers m'asseoir au bord du lac, sur la grève, dans quelque asile caché ; là, le bruit des vagues et l'agitation de l'eau, fixant mes sens et chassant de mon âme toute autre agitation, la plongeaient dans une rêverie délicieuse, où la nuit me surprenait souvent sans que je m'en fusse aperçu. Le flux et le reflux de cette eau, son bruit continu, mais renflé par intervalles, frappant sans relâche mon oreille et mes yeux, suppléaient aux mouvements internes que la rêverie éteignait en moi, et suffisaient pour me faire sentir avec plaisir mon existence, sans prendre la peine de penser. De temps à autre naissait quelque faible et courte réflexion sur l'instabilité des choses de ce monde, dont la surface des eaux m'offrait l'image ; mais bientôt ces impressions légères s'effaçaient dans l'uniformité du mouvement continu qui me berçait, et qui, sans aucun concours actif de mon âme, ne laissait pas de m'attacher au point qu'appelé par l'heure et par le signal convenu, je ne pouvais m'arracher de là sans efforts.

Après le souper, quand la soirée était belle, nous allions encore tous ensemble faire quelque tour de promenade sur la terrasse, pour y respirer l'air du lac et la fraîcheur. On se reposait dans le pavillon, on riait, on causait, on chantait quelque vieille chanson qui valait bien le tortillage moderne, et enfin l'on s'allait coucher content de sa journée, et n'en désirant qu'une semblable pour le lendemain.

Telle est, laissant à part les visites imprévues et importunes, la manière dont j'ai passé mon temps dans cette île, durant le séjour que j'y ai fait. Qu'on me dise à présent ce qu'il y a là d'assez attrayant pour exciter dans mon cœur des regrets si vifs, si tendres et si durables, qu'au bout de quinze ans il m'est impossible de songer à cette habitation chérie, sans m'y sentir à chaque fois transporté encore par les élans du désir.

J'ai remarqué dans les vicissitudes d'une longue vie que les époques des plus douces jouissances et des plaisirs les plus vifs ne sont pourtant pas celles dont le souvenir m'attire et me touche le plus. Ces courts moments de délire et de passion, quelque vifs qu'ils puissent être, ne sont cependant, et par leur vivacité même, que des points bien clairsemés dans la ligne de la vie. Ils sont trop rares et trop rapides pour constituer un état ; et le bonheur que mon cœur regrette n'est point composé d'instants fugitifs, mais un état simple et permanent, qui n'a rien de vif en lui-même, mais dont la durée accroît le charme, au point d'y trouver enfin la suprême félicité.

Tout est dans un flux continuel sur la terre. Rien n'y garde une forme constante et arrêtée, et nos affections qui s'attachent aux choses extérieures passent et changent nécessairement comme elles. Toujours en avant ou en |arrière de nous, elles rappellent le passé, qui n'est |plus, ou préviennent l'avenir, qui souvent ne doit point être : il n'y a rien là de solide à quoi le cœur se puisse at- acher. Aussi n'a-t-on guère ici-bas que du plaisir qui passe ; pour le bonheur qui dure, je doute qu'il y soit connu. A peine est-il, dans nos plus vives jouis- sances, un instant où le cœur puisse véritablement nous dire : *Je voudrais que cet instant durât toujours.* Et comment peut-on appeler bonheur un état fugitif qui nous laisse encore le cœur inquiet et vide, qui nous fait regretter quelque chose avant, ou désirer encore quelque chose après ?

Mais s'il est un état où l'âme trouve une assiette assez solide pour s'y repo- ser tout entière et rassembler là tout son être, sans avoir besoin de rappeler le passé ni d'enjamber sur l'avenir ; où le temps ne soit rien pour elle, où le présent dure toujours, sans néanmoins marquer sa durée et sans aucune trace de succession, sans aucun autre senti- ment de privation ni de jouissance, de plaisir ni de peine, de désir ni de crainte, que celui seul de notre existence, et

que ce sentiment seul puisse la remplir
tout entière : tant que cet état dure, celui qui s'y trouve peut s'appeler heureux,
non d'un bonheur imparfait, pauvre et
relatif, tel que celui qu'on trouve dans
les plaisirs de la vie, mais d'un bonheur
suffisant, parfait et plein, qui ne laisse
dans l'âme aucun vide qu'elle sente le
besoin de remplir. Tel est l'état où je
me suis trouvé souvent à l'île de Saint-
Pierre, dans mes rêveries solitaires, soit
couché dans mon bateau que je laissais
dériver au gré de l'eau, soit assis sur les
rives du lac agité, soit ailleurs, au bord
d'une belle rivière où d'un ruisseau
murmurant sur le gravier.

De quoi jouit-on dans une pareille
situation ? De rien d'extérieur à soi, de
rien sinon de soi-même et de sa propre
existence ; tant que cet état dure, on se
suffit à soi-même, comme Dieu. Le sentiment de l'existence dépouillé de toute
autre affection est par lui-même un sentiment précieux de contentement et de
paix, qui suffirait seul pour rendre cette
existence chère et douce à qui saurait

écarter de soi toutes les impressions sensuelles et terrestres qui viennent sans cesse nous en distraire, et en troubler ici-bas la douceur. Mais la plupart des hommes agités de passions continuelles connaissent peu cet état, et, ne l'ayant goûté qu'imparfaitement durant peu d'instants, n'en conservent qu'une idée obscure et confuse, qui ne leur en fait pas sentir le charme. Il ne serait pas même bon, dans la présente constitution des choses, qu'avide de ces douces extases, ils s'y dégoûtassent de la vie active dont leurs besoins toujours renaissants leur prescrivent le devoir. Mais un infortuné qu'on a retranché de la société humaine, et qui ne peut plus rien faire ici-bas d'utile et de bon pour autrui ni pour soi, peut trouver, dans cet état, à toutes les félicités humaines des dédommagements que la fortune et les hommes ne lui sauraient ôter.

Il est vrai que ces dédommagements ne peuvent être sentis par toutes les âmes, ni dans toutes les situations. Il faut que le cœur soit en paix et qu'aucune passion n'en vienne troubler le calme. Il faut des dispositions de la part de celui qui les éprouve ; il en faut dans le concours des objets environnants. Il n'y faut ni un repos absolu, ni trop d'agitation, mais un mouvement uniforme et modéré, qui n'ait ni secousses ni intervalles. Sans mouvement, la vie n'est qu'une léthargie. Si le mouvement est inégal ou trop fort, il réveille ; en nous rappelant aux objets environnants, il détruit le charme de la rêverie et nous arrache d'au dedans de nous, pour nous remettre à l'instant sous le joug de la fortune et des hommes et nous rendre au sentiment de nos malheurs. Un silence absolu porte à la tristesse ; il offre une image de la mort : alors le secours d'une imagination riante est nécessaire et se présente assez naturellement à ceux que le ciel en a gratifiés. Le mouvement qui ne vient pas du dehors se fait alors au dedans de nous. Le repos est moindre, il est vrai ; mais il est aussi plus agréable quand de légères et douces idées, sans agiter le fond de l'âme, ne font pour ainsi dire qu'en effleurer la surface. Il n'en faut qu'assez pour se souvenir de soi-même en oubliant tous ses maux. Cette espèce de rêverie peut se goûter partout où l'on peut être tranquille ; et j'ai souvent pensé qu'à la Bastille, et même dans un cachot où nul objet n'eût frappé ma vue, j'aurais encore pu rêver agréablement.

Mais il faut avouer que cela se faisait bien mieux et plus agréablement dans une île fertile et solitaire, naturellement circonscrite et séparée du reste du monde, où rien ne m'offrait que des images riantes, où rien ne me rappelait des souvenirs attristants, où la société du petit nombre d'habitants était liante et douce, sans être intéressante au point de m'occuper incessamment, où je pouvais enfin me livrer tout le jour, sans obstacle et sans soins, aux occupations de mon goût ou à la plus molle oisiveté. L'occasion sans doute était belle pour un rêveur, qui, sachant se nourrir d'agréables chimères au milieu des objets les plus déplaisants, pouvait s'en rassasier à son aise. En sortant d'une longue et douce rêverie, me voyant entouré de verdure, de fleurs, d'oiseaux, et laissant errer mes yeux au loin sur les romanesques rivages qui bordaient une vaste étendue d'eau claire et cristalline, j'assimilais à mes fictions tous ces aimables objets ; et, me trouvant enfin ramené par degrés à moi-même et à ce qui m'entourait, je ne pouvais marquer le point de séparation des fictions aux réalités, tant tout concourait également à me rendre chère la vie recueillie et solitaire que je menais dans ce beau séjour. Que ne peut-elle renaître encore ! que ne puis-je aller finir mes jours dans cette île chérie, sans en ressortir jamais, ni jamais y revoir aucun habitant du continent qui me rappelât le souvenir des calamités de toute espèce qu'ils se plaisent à rassembler sur moi depuis tant d'années ! Ils seraient bientôt oubliés pour jamais ; sans doute ils ne m'oublieraient pas de même ; mais que m'importerait, pourvu qu'ils n'eussent aucun accès pour y venir troubler mon repos ?

Délivré de toutes les passions terrestres qu'engendre le tumulte de la vie sociale, mon âme s'élancerait fréquemment au-dessus de cette atmosphère et commer-cerait d'avance avec les intelligences célestes, dont elle espère aller augmen-ter le nombre dans peu de temps. Les hommes se garderont, je le sais, de me rendre un si doux asile, où ils n'ont pas voulu me laisser. Mais ils ne m'empê-cheront pas du moins de m'y transpor-ter chaque jour sur les ailes de l'imagi-nation, et d'y goûter durant quelques heures le même plaisir que si je l'habi-tais encore. Ce que j'y ferais de plus doux serait d'y rêver à mon aise. En rêvant que j'y suis, ne fais-je pas la même chose ? Je fais même plus : à l'at-trait d'une rêverie abstraite et mono-tone, je joins des images charmantes qui la vivifient. Leurs objets échappaient souvent à mes sens dans mes extases ; et maintenant, plus ma rêverie est pro-fonde, plus elle me les peint vivement. Je suis souvent plus au milieu d'eux, et plus agréablement encore, que quand j'y étais réellement. Le malheur est qu'à mesure que l'imagination s'attiédit, cela vient avec plus de peine et ne dure pas si longtemps. Hélas ! c'est quand on commence à quitter sa dépouille qu'on en est le plus offusqué !

SIXIEME PROMENADE

OUS n'avons guère de mouvement machinal dont nous ne pussions trouver la cause dans notre cœur, si nous savions bien l'y chercher.

Hier, en passant sur le nouveau boulevard pour aller herboriser le long de la Bièvre, du côté de Gentilly, je fis le crochet à droite en approchant de la barrière d'Enfer ; et m'écartant dans la campagne, j'allais, par la route de Fontainebleau, gagner les hauteurs qui bordent cette petite rivière. Cette marche était fort indifférente en elle-même ; mais en me rappelant que j'avais fait plusieurs fois machinalement le même détour, j'en recherchai la cause en moi-même, et je ne pus m'empêcher de rire quand je vins à la démêler.

Dans le coin du boulevard, à la sortie de la barrière d'Enfer, s'établit journellement en été une femme qui vend du fruit, de la tisane et des petits pains. Cette femme a un petit garçon fort gentil, mais boiteux, qui, clopinant avec ses béquilles, s'en va d'assez bonne grâce demander l'aumône aux passants. J'avais fait une espèce de connaissance avec ce petit bonhomme ; il ne manquait pas, chaque fois que je passais, de venir me faire son petit compliment, toujours suivi de ma petite offrande. Les premières fois je fus charmé de le voir, je lui donnais de très bon cœur, et je continuai quelque temps de le faire avec le même plaisir, y joignant même le plus souvent celui d'exciter et d'écouter son petit babil, que je trouvais agréable. Ce plaisir, devenu par degrés habitude, se trouva, je ne sais comment, transformé dans une espèce de devoir dont je sentis bientôt la gêne, surtout à cause de la harangue préliminaire qu'il fallait écouter, et dans laquelle il ne manquait jamais de m'appeler souvent M. Rousseau, pour montrer qu'il me connaissait bien ; ce qui m'apprenait assez au contraire qu'il ne me connaissait pas plus que ceux qui l'avaient instruit. Dès lors je passais par là moins volontiers, et enfin je pris machinalement l'habitude de faire le plus souvent un détour quand j'approchais de cette traverse.

Voilà ce que je découvris en y réfléchissant, car rien de tout cela ne s'était offert jusqu'alors distinctement à ma pensée. Cette observation m'en a rappelé successivement des multitudes d'autres, qui m'ont bien confirmé que les vrais et premiers motifs de la plupart de mes actions ne me sont pas aussi clairs à moi-même que je me l'étais longtemps figuré : je sais et je sens que faire du bien est le plus vrai bonheur que le cœur humain puisse goûter ; mais il y a longtemps que ce bonheur a été mis hors de ma portée, et ce n'est pas dans un aussi misérable sort que le mien qu'on peut espérer de placer avec joie et avec fruit une seule action réellement bonne. Le plus grand soin de ceux qui règlent ma destinée ayant été que tout ne fût pour moi que fausse et trompeuse apparence, un motif de vertu n'est jamais qu'un leurre qu'on me présente pour m'attirer dans le piège où l'on veut m'enlacer. Je sais cela ; je sais que le seul bien qui soit désormais en ma puissance est de m'abstenir d'agir, de peur de mal faire sans le vouloir et sans le savoir.

Mais il fut des temps plus heureux où, suivant les mouvements de mon cœur, je pouvais quelquefois rendre un autre cœur content ; et je me dois l'honorable témoignage que, chaque fois que j'ai pu goûter ce plaisir, je l'ai trouvé plus doux qu'aucun autre : ce penchant fut vif, vrai, pur ; et rien, dans mon plus secret intérieur, ne l'a jamais démenti. Cependant j'ai senti souvent le poids de mes propres bienfaits par la chaîne des devoirs qu'ils entraînaient à leur suite : alors le plaisir a disparu, et je n'ai plus trouvé, dans la continuation des mêmes soins qui m'avaient d'abord charmé, qu'une gêne presque insupportable. Durant mes courtes prospérités, beaucoup de gens recouraient à moi, et jamais, dans tous les services que je pus leur rendre, aucun d'eux ne fut éconduit. Mais de ces premiers bienfaits, versés avec effusion de cœur, naissaient des chaînes d'engagements successifs que je n'avais pas prévus, et dont je ne pouvais plus secouer le joug : mes premiers services n'étaient, aux yeux de ceux qui les recevaient, que les arrhes de ceux qui devaient les suivre ; et, dès que quelque infortuné avait jeté sur moi le grappin d'un bienfait reçu, c'en était fait désormais, et ce premier bienfait, libre et volontaire, devenait un droit indéfini à tous ceux dont il pouvait avoir besoin dans la suite, sans que l'impuissance même suffit pour m'en affranchir. Voilà comment des jouissances très douces se transformaient pour moi dans la suite en d'onéreux assujettissements.

Ces chaînes cependant ne me parurent pas très pesantes, tant qu'ignoré du public je vécus dans l'obscurité ; mais quand une fois ma personne fut affichée par mes écrits (faute grave sans doute, mais plus qu'expiée par mes malheurs), dès lors je devins le bureau général d'adresse de tous les souffreteux ou soi-disant tels, de tous les aventuriers qui cherchaient des dupes, de tous ceux qui, sous prétexte du grand crédit qu'ils feignaient de m'attribuer voulaient s'emparer de moi de manière ou d'autre. C'est alors que j'eus lieu de connaître que tous les penchants de la nature, sans excepter la bienfaisance elle-même, portés ou suivis dans la société sans prudence et sans choix, changent de nature et deviennent souvent aussi nuisibles qu'ils étaient utiles dans leur première direction. Tant de cruelles expériences changèrent peu à peu mes premières dispositions, ou plutôt, les renfermant enfin dans leurs véritables bornes, elles m'apprirent à suivre moins aveuglément mon penchant à bien faire, lorsqu'il ne servait qu'à favoriser la méchanceté d'autrui.

Mais je n'ai point regret de ces mêmes expériences, puisqu'elles m'ont procuré par la réflexion, de nouvelles lumières sur la connaissance de moi-même et sur les vrais motifs de ma conduite en mille circonstances sur lesquelles je me suis si souvent fait illusion : j'ai vu que, pour bien faire avec plaisir, il fallait que j'agisse librement, sans contrainte, et que, pour m'ôter toute la douceur d'une bonne œuvre, il suffirait qu'elle devînt un devoir pour moi. Dès lors le poids de l'obligation me fait un fardeau des plus douces jouissances ; et, comme j'ai dit dans l'*Émile*, à ce que je crois, j'eusse été chez les Turcs un mauvais mari à l'heure où le cri public les appelle à remplir les devoirs de leur état.

Voilà ce qui modifie beaucoup l'opinion que j'eus longtemps de ma propre vertu ; car il n'y en a point à suivre ses penchants, et à se donner, quand ils nous y portent, le plaisir de bien faire ; mais elle consiste à les vaincre quand le devoir le commande pour faire ce qu'il nous prescrit, et voilà ce que j'ai su moins faire qu'homme du monde. Né sensible et bon, portant la pitié jusqu'à la faiblesse, et me sentant exalter l'âme par tout ce qui tient à la générosité, je fus humain, bienfaisant, secourable, par goût, par passion même, tant qu'on n'intéressa que mon cœur ; j'eusse été le meilleur et le plus puissant, et, pour éteindre en moi tout désir de vengeance, il m'eût suffi de pouvoir me venger. J'aurais même été juste sans peine contre mon propre intérêt ; mais contre celui des personnes qui m'étaient chères je n'aurais pu me résoudre à l'être. Dès que mon devoir et mon cœur étaient en contradiction, le premier eut rarement la victoire, à moins qu'il ne fallût seulement que m'abstenir : alors j'étais fort le plus souvent ; mais agir contre mon penchant me fut toujours impossible.

Que ce soient les hommes, le devoir, ou même la nécessité qui commandent, quand mon cœur se tait, ma volonté reste sourde, et je ne saurais obéir : je vois le mal qui me menace, et je le laisse arriver plutôt que de m'agiter pour le prévenir. Je commence quelquefois avec effort ; mais cet effort me lasse et m'épuise bien vite : je ne saurais continuer. En toute chose imaginable, ce que je ne fais pas avec plaisir m'est bientôt impossible à faire.

Il y a plus : la contrainte, d'accord avec mon désir, suffit pour l'anéantir et le changer en répugnance, en aversion même, pour peu qu'elle agisse trop fortement ; et voilà ce qui me rend pénible la bonne œuvre qu'on exige, et que je faisais de moi-même lorsqu'on ne l'exigeait pas. Un bienfait purement gratuit est certainement une œuvre que j'aime à faire ; mais quand celui qui l'a reçu s'en fait un titre pour en exiger la continuation sous peine de sa haine, quand il me fait une loi d'être à jamais son bienfaiteur, pour avoir d'abord pris plaisir à l'être, dès lors la gêne augmente, et le plaisir s'évanouit. Ce que je fais alors quand je cède est faiblesse et mauvaise honte : mais la bonne volonté n'y est plus ; et, loin que je m'en applaudisse en moi-même, je me reproche en ma conscience de bien faire à contre-cœur.

Je sais qu'il y a une espèce de contrat, et même le plus sainde tous, entre le bienfaiteur et l'obligé : c'est une sorte de société qu'ils forment l'un avec l'autre, plus étroite que celle qui unit les hommes en général ; et si l'obligé s'engage tacitement à la reconnaissance, le bienfaiteur s'engage de même à conserver à l'autre, tant qu'il ne s'en rendra pas indigne, la même bonne volonté qu'il vient de lui témoigner, et à lui en renouveler les actes toutes les fois qu'il le pourra et qu'il en sera requis. Ce ne sont pas là des conditions expresses, mais ce sont des effets naturels de la relation qui vient de s'établir entre eux. Celui qui, la première fois, refuse un service gratuit qu'on lui demande, ne

donne aucun droit de se plaindre à celui
à qui il a refusé ; mais celui qui, dans
un cas semblable, refuse au même la
même grâce qu'il lui accorda ci-devant,
frustre une espérance qu'il l'a autorisé
à concevoir ; il trompe et dément une
attente qu'il a fait naître. On sent dans
ce refus je ne sais quoi d'injuste et de
plus dur que dans l'autre ; mais il n'en
est pas moins l'effet d'une indépendance
que le cœur aime, et à laquelle il ne re-
nonce pas sans effort. Quand je paye
une dette, c'est un devoir que je remplis ; quand je fais un don, c'est un plaisir que je me donne. Or le plaisir de
remplir ses devoirs est de ceux que la
seule habitude de la vertu fait naître :
ceux qui nous viennent immédiatement
de la nature ne s'élèvent pas si haut
que cela.

Après tant de tristes expériences j'ai
appris à prévoir de loin les conséquen-
ces de mes premiers mouvements suivis,
et je me suis souvent abstenu d'une
bonne œuvre que j'avais le désir et le
pouvoir de faire, effrayé de l'assujettis-

sement auquel dans la suite je m'allais soumettre, si je m'y livrais inconsidérément. Je n'ai pas toujours senti cette crainte : au contraire, dans ma jeunesse, je m'attachais par mes propres bienfaits, et j'ai souvent éprouvé de même que ceux que j'obligeais s'affectionnaient à moi par reconnaissance encore plus que par intérêt Mais les choses ont bien changé de face, à cet égard comme à tout autre, aussitôt que mes malheurs ont commencé ; j'ai vécu dès lors dans une génération nouvelle qui ne ressemblait point à la première, et mes propres sentiments pour les autres ont souffert des changements que j'ai trouvés dans les leurs. Les mêmes gens que j'ai vus successivement dans ces deux générations si différentes se sont, pour ainsi dire, assimilés successivement à l'une et à l'autre : de vrais et francs qu'ils étaient d'abord, devenus ce qu'ils sont, ils ont fait comme tous les autres ; et, par cela seul que les temps sont changés, les hommes ont changé comme eux. Eh ! comment pourrai-je garder les mêmes

sentiments pour ceux en qui je trouve
le contraire de ce qui les fit naître ? Je
ne les hais point, parce que je ne saurais
haïr, mais je ne puis me défendre du mépris qu'ils méritent, ni m'abstenir de le
leur témoigner.

Peut-être, sans m'en apercevoir, ai-je
changé moi-même plus qu'il n'aurait
fallu : quel naturel résisterait sans s'altérer à une situation pareille à la mienne ?
Convaincu par vingt ans d'expérience
que tout ce que la nature a mis d'heureuses dispositions dans mon cœur est
tourné, par ma destinée et par ceux qui
en disposent, au préjudice de moi-même
ou d'autrui, je ne puis plus regarder une
bonne œuvre qu'on me présente à faire
que comme un piège qu'on me tend, et
sous lequel est caché quelque mal. Je
sais que, quel que soit l'effet de l'œuvre,
je n'en aurai pas moins le mérite de ma
bonne intention : oui, ce mérite y est
toujours, sans doute ; mais le charme
intérieur n'y est plus, et, sitôt que ce
stimulant me manque, je ne sens qu'indifférence et glace au dedans de moi :

et, sûr qu'au lieu de faire une action vraiment utile je ne fais qu'un acte de dupe, l'indignation de l'amour-propre, jointe au désaveu de la raison, ne m'inspire que répugnance et résistance, où j'eusse été plein d'ardeur et de zèle dans mon état naturel.

Il est des sortes d'adversités qui élèvent et renforcent l'âme, mais il en est qui l'abattent et la tuent : telle est celle dont je suis la proie. Pour peu qu'il y eût eu quelque mauvais levain dans la mienne, elle l'eût fait fermenter à l'excès, elle m'eût rendu frénétique, mais elle ne m'a rendu que nul. Hors d'état de bien faire et pour moi-même et pour autrui, je m'abstiens d'agir ; et cet état, qui n'est innocent que parce qu'il est forcé, me fait trouver une sorte de douceur à me livrer pleinement sans reproche à mon penchant naturel. Je vais trop loin, sans doute, puisque j'évite les occasions d'agir, même où je ne vois que du bien à faire ; mais, certain qu'on ne me laisse pas voir les choses comme elles sont, je m'abstiens de juger sur les apparences qu'on leur donne ; et, de quelque leurre qu'on couvre les motifs d'agir, il suffit que ces motifs soient laissés à ma portée pour que je sois sûr qu'ils sont trompeurs.

Ma destinée semble avoir tendu, dès mon enfance, le premier piège qui m'a rendu longtemps si facile à tomber dans tous les autres : je suis né le plus confiant des hommes, et, durant quarante ans entiers, jamais cette confiance ne fut trompée une seule fois. Tombé tout d'un coup dans un autre ordre de gens et de choses, j'ai donné dans mille embûches sans jamais en apercevoir aucune ; et vingt ans d'expérience ont à peine suffi pour m'éclairer sur mon sort. Une fois convaincu qu'il n'y a que mensonge et fausseté dans les démonstrations grimacières qu'on me prodigue, j'ai passé rapidement à l'autre extrémité ; car, quand on est une fois sorti de son naturel, il n'y a plus de bornes qui nous retiennent. Dès lors, je me suis dégoûté des hommes, et ma volonté, concourant avec la leur à cet égard, me tient encore plus éloigné d'eux que ne font toutes leurs machines.

Ils ont beau faire, cette répugnance ne peut jamais aller jusqu'à l'aversion : en pensant à la dépendance où ils se sont mis de moi pour me tenir dans la leur, ils me font une pitié réelle ; si je suis malheureux, ils le sont eux-mêmes, et, chaque fois que je rentre en moi, je les trouve toujours à plaindre. L'orgueil peut-être se mêle encore à ces jugements ; je me sens trop au-dessus d'eux pour les haïr ; ils peuvent m'intéresser tout au plus jusqu'au mépris, mais jamais jusqu'à la haine ; enfin, je m'aime trop moi-même pour pouvoir haïr qui que ce soit. Ce serait resserrer, comprimer mon existence ; et je voudrais plutôt l'étendre sur tout l'univers.

J'aime mieux les fuir que les haïr ; leur aspect frappe mes sens, et, par eux, mon cœur d'impressions que mille regards cruels me rendent pénibles ; mais le malaise cesse aussitôt que l'objet qui le cause a disparu. Je m'occupe d'eux, et bien malgré moi, par leur présence, mais jamais par leur souvenir : quand je ne les vois plus, ils sont pour moi comme s'ils n'existaient point.

Ils ne me sont même indifférents qu'en ce qui se rapporte à moi ; car, dans leurs rapports entre eux, ils peuvent encore m'intéresser et m'émouvoir comme les personnages d'un drame que je verrais représenter. Il faudrait que mon être moral fut anéanti pour que la justice me devînt indifférente : le spectacle de l'injustice et de la méchanceté me fait encore bouillir le sang de colère ; les actes de vertu où je ne vois ni forfanterie ni ostentation me font toujours tressaillir de joie et m'arrachent encore de douces larmes. Mais il faut que je les voie et les apprécie moi-même, car, après ma propre histoire, il faudrait que je fusse insensé pour adopter, sur quoi que ce fût, le jugement des hommes, et pour croire aucune chose sur la foi d'autrui.

Si ma figure et mes traits étaient aussi parfaitement inconnus aux hommes que le sont mon caractère et mon naturel, je vivrais encore sans peine au milieu d'eux ;

leur société même pourrait me plaire tant que je leur serais parfaitement étranger ; livré sans contrainte à mes inclinations naturelles, je les aimerais encore s'ils ne s'occupaient jamais de moi. J'exercerais sur eux une bienveillance universelle et parfaitement désintéressée ; mais sans former jamais d'attachement particulier, et sans porter le joug d'aucun devoir, je ferais envers eux, librement et de moi-même, tout ce qu'ils ont tant de peine à faire, incités par leur amour-propre et contraints par toutes leurs lois.

Si j'étais resté libre, obscur, isolé, comme j'étais fait pour l'être, je n'aurais fait que du bien, car je n'ai dans le cœur le germe d'aucune passion nuisible ; si j'eusse été invisible et tout-puissant comme Dieu, j'aurais été bienfaisant et bon comme lui. C'est la force et la liberté qui font les excellents hommes : la faiblesse et l'esclavage n'ont fait que des méchants. Si j'eusse été possesseur de l'anneau de Gygès, il m'eût tiré de la dépendance des hommes et les eût mis dans la mienne. Je me suis souvent demandé, dans mes châteaux en Espagne, quel usage j'aurais fait de cet anneau; car c'est bien là que la tentation d'abuser doit être près du pouvoir, maître de contenter mes désirs, pouvant tout, sans pouvoir être trompé par personne, qu'aurais-je pu désirer avec quelque suite ? Une seule chose : c'eût été de voir tous les cœurs contents ; l'aspect de la félicité publique eût pu seul toucher mon cœur d'un sentiment permanent, et l'ardent désir d'y concourir eût été ma plus constante passion. Toujours juste sans partialité et toujours bon sans faiblesse, je me serais également garanti des méfiances aveugles et des haines implacables, parce que, voyant les hommes tels qu'ils sont, et lisant aisément au fond de leurs cœurs, j'en aurais peu trouvé d'assez aimables pour mériter toutes mes affections, peu d'assez odieux pour mériter toute ma haine, et que leur méchanceté même m'eût disposé à les plaindre, par la connaissance certaine du mal qu'ils se font à eux-mêmes en

voulant en faire à autrui. Peut-être aurais-je eu, dans des moments de gaieté,
l'enfantillage d'opérer quelquefois des
prodiges ; mais, parfaitement désintéressé pour moi-même, et n'ayant pour
loi que mes inclinations naturelles, sur
quelque acte de justice sévère j'en aurais fait mille de clémence et d'équité ;
ministre de la Providence et dispensa-
teur de ses lois, selon mon pouvoir,
j'aurais fait des miracles plus sages et
plus utiles que ceux de la légende dorée
et du tombeau de saint Médard.

Il n'y a qu'un seul point sur lequel la
faculté de pénétrer partout invisible
m'eût pu faire chercher des tentations
auxquelles j'aurais mal résisté ; et, une
fois entré dans ces voies d'égarement,
où n'eussé-je point été conduit par elles ?
Ce serait bien mal connaître la nature
et moi-même, que de me flatter que ces
facilités ne m'auraient point séduit, ou
que la raison m'aurait arrêté dans cette
fatale pente : sûr de moi sur tout autre
article, j'étais perdu par celui-là seul.
Celui que sa puissance met au-dessus

de l'homme doit être au-dessus des fai-
blesses de l'humanité, sans quoi cet excès de force ne servira qu'à le mettre en
effet au-dessous des autres et de ce qu'il
eût été lui-même s'il fût resté leur égal.

Tout bien considéré, je crois que je
ferai mieux de jeter mon anneau magi-
que avant qu'il m'ait fait faire quelque
sottise. Si les hommes s'obstinent à me
voir tout autre que je ne suis, et que
mon aspect irrite leur injustice, pour
leur ôter cette vue il faut les fuir, mais
non pas m'éclipser au milieu d'eux : c'est
à eux de se cacher devant moi, de me
dérober leurs manœuvres, de fuir la lumière du jour, de s'enfoncer en terre
comme des taupes. Pour moi, qu'ils me
voient s'ils peuvent, tant mieux ; mais
cela leur est impossible : ils ne verront
jamais à ma place que le Jean-Jacques
qu'ils se sont fait, et qu'ils ont fait selon
leur cœur pour le haïr à leur aise. J'aurais donc tort de m'affecter de la façon
dont ils me voient ; je n'y dois prendre
aucun intérêt véritable, car ce n'est pas
moi qu'ils voient ainsi.

Le résultat que je puis tirer de toutes ces réflexions est que je n'ai jamais été vraiment propre à la société civile, où tout est gêne, obligation, devoir, et que mon naturel indépendant me rendit toujours incapable des assujettissements nécessaires à qui veut vivre avec les hommes. Tant que j'agis librement, je suis bon et je ne fais que du bien ; mais, sitôt que je sens le joug, soit de la nécessité, soit des hommes, je deviens rebelle ou plutôt rétif ; alors je suis nul. Lorsqu'il faut faire le contraire de ma volonté, je ne le fais point, quoi qu'il arrive ; je ne fais pas non plus ma volonté même, parce que je suis faible. Je m'abstiens d'agir, car toute ma faiblesse est pour l'action, toute ma force est négative, et tous mes péchés sont d'omission, rarement de commission. Je n'ai jamais cru que la liberté de l'homme consistât à faire ce qu'il veut, mais bien à ne jamais faire ce qu'il ne veut pas, et voilà celle que j'ai toujours réclamée, souvent conservée, et par qui j'ai été le plus en scandale à mes contemporains ;

car, pour eux, actifs, remuants, ambi-
tieux, détestant la liberté dans les autres
et n'en voulant point pour eux-mêmes,
pourvu qu'ils fassent quelquefois leur
volonté, ou plutôt qu'ils dominent celle
d'autrui, ils se gênent toute leur vie à
faire ce qui leur répugne, et n'omettent
rien de servile pour commander. Leur
tort n'a donc pas été de m'écarter de la
société comme un membre inutile, mais
de m'en proscrire comme un membre
pernicieux ; car j'ai très peu fait de bien,
je l'avoue ; mais pour du mal, il n'en est
entré dans ma volonté de ma vie, et je
doute qu'il y ait aucun homme au monde
qui en ait réellement moins fait que
moi.

SEPTIEME PROMENADE

E recueil de mes longs rê-
ves est à peine commencé,
et déjà je sens qu'il touche
à sa fin. Un autre amuse-
ment lui succède, m'ab-
sorbe, et m'ôte même le
temps de rêver : je m'y livre avec un
engouement qui tient de l'extravagance
et qui me fait rire moi-même quand j'y
réfléchis ; mais je ne m'y livre pas moins,
parce que, dans la situation où me
voilà, je n'ai plus d'autre règle de con-

duite que de suivre en tout mon penchant sans contrainte. Je ne peux rien à mon sort, je n'ai que des inclinations innocentes ; et, tous les jugements des hommes étant désormais nuls pour moi, la sagesse même veut qu'en ce qui reste à ma portée je fasse tout ce qui me flatte, soit en public, soit à part moi, sans autre règle que ma fantaisie, et sans autre mesure que le peu de force qui m'est resté. Me voilà donc à mon foin pour toute nourriture, et à la botanique pour toute occupation. Déjà vieux, j'en avais pris la première teinture en Suisse, auprès du docteur d'Ivernois, et j'avais herborisé assez heureusement, durant mes voyages, pour prendre une connaissance passable du règne végétal ; mais, devenu plus que sexagénaire, et sédentaire à Paris, les forces commençant à me manquer pour les grandes herborisations, et d'ailleurs assez livré à ma copie de musique pour n'avoir pas besoin d'autre occupation, j'avais abandonné cet amusement, qui ne m'était plus nécessaire ; j'avais vendu mon her-

bier, j'avais vendu mes livres, content
de revoir quelquefois les plantes communes que je trouvais autour de Paris,
dans mes promenades. Durant cet intervalle, le peu que je savais s'est presque entièrement effacé de ma mémoire,
et bien plus rapidement qu'il ne s'y
était gravé.

Tout d'un coup, âgé de soixante-cinq
ans passés, privé du peu de mémoire
que j'avais, et des forces qui me res-
taient pour courir la campagne, sans
guide, sans livres, sans jardin, sans herbier, me voilà repris de cette folie, mais
avec plus d'ardeur encore que je n'en eus
en m'y livrant la première fois ; me voilà
sérieusement occupé par le sage projet
d'apprendre par cœur tout le *Regnum
Vegetabile* de Murray, et de connaître
toutes les plantes connues sur la terre.
Hors d'état de racheter des livres de botanique, je me suis mis en devoir de trans-
crire ceux qu'on m'a prêtés ; et résolu
de refaire un herbier plus riche que le
premier, en attendant que j'y mette toutes les plantes de la mer et des Alpes,

et de tous les arbres des Indes, je commence toujours à bon compte par le mouron, le cerfeuil, la bourrache et le seneçon : j'herborise savamment sur la cage de mes oiseaux et, à chaque nouveau brin d'herbe que je rencontre, je me dis avec satisfaction : Voilà toujours une plante de plus.

Je ne cherche pas à justifier le parti que je prends de suivre cette fantaisie ; je la trouve très raisonnable, persuadé que dans la position où je suis, me livrer aux amusements qui me flattent est une grande sagesse, et même une grande vertu : c'est le moyen de ne laisser germer dans mon cœur aucun levain de vengeance ou de haine ; et, pour trouver encore dans ma destinée du goût à quelque amusement, il faut assurément avoir un naturel bien épuré de toutes passions irascibles. C'est me venger de mes persécuteurs à ma manière : je ne saurais les punir plus cruellement que d'être heureux malgré eux.

Oui, sans doute, la raison me permet, me prescrit même, de me livrer à tout

penchant qui m'attire, et que rien ne
m'empêche de suivre ; mais elle ne m'apprend pas pourquoi ce penchant m'attire, et quel attrait je puis trouver à une
vaine étude faite sans profit, sans progrès, et qui, vieux, radoteur, déjà caduc
et pesant, sans facilité, sans mémoire,
me ramène aux exercices de la jeunesse
et aux leçons d'un écolier : or, c'est une
bizarrerie que je voudrais m'expliquer.
Il me semble que, bien éclaircie, elle
pourrait jeter quelque nouveau jour
sur cette connaissance de moi-même, à
l'acquisition de laquelle j'ai consacré
mes derniers loisirs.

J'ai pensé quelquefois assez profondé-
ment, mais rarement avec plaisir, presque toujours contre mon gré et comme
par force. La rêverie me délasse et
m'amuse, la réflexion me fatigue et m'attriste. Penser fut toujours pour moi une
occupation pénible et sans charme.
Quelquefois mes rêveries finissent par
la méditation, mais plus souvent mes
méditations finissent par la rêverie ; et,
durant ces égarements, mon âme erre et

plane dans l'univers, sur les ailes de l'imagination, dans des extases qui passent toute autre jouissance.

Tant que je goûtai celle-là dans toute sa pureté, toute autre occupation me fut toujours insipide ; mais quand, une fois jeté dans la carrière littéraire par des impulsions étrangères, je sentis la fatigue du travail d'esprit, et l'importunité d'une célébrité malheureuse, je sentis en même temps languir et s'attiédir mes douces rêveries ; et, bientôt forcé de m'occuper malgré moi de ma triste situation, je ne pus plus retrouver que bien rarement ces chères extases qui, durant cinquante ans, m'avaient tenu lieu de fortune et de gloire, et, sans autre dépense que celle du temps, m'avaient rendu, dans l'oisiveté, le plus heureux des mortels.

J'avais même à craindre, dans mes rêveries, que mon imagination, effarouchée par mes malheurs, ne tournât enfin de ce côté son activité et que le continuel sentiment de mes peines, me resserrant le cœur par degrés, ne m'accablât enfin de leur poids. Dans cet état, un instinct qui m'est naturel, me faisant fuir toute idée attristante, imposa silence à mon imagination, et, fixant mon attention sur les objets qui m'environnaient, me fit, pour la première fois, détailler le spectacle de la nature, que je n'avais guère contemplé jusqu'alors qu'en masse et dans son ensemble.

Les arbres, les arbrisseaux, les plantes, sont la parure et le vêtement de la terre. Rien n'est si triste que l'aspect d'une campagne nue et pelée, qui n'étale aux yeux que des pierres, du limon et des sables ; mais, vivifiée par la nature, et revêtue de sa robe de noces, au milieu du cours des eaux et du chant des oiseaux, la terre offre à l'homme, dans l'harmonie des trois règnes, un spectacle plein de vie, d'intérêt et de charmes, le seul spectacle au monde dont ses yeux et son cœur ne se lassent jamais.

Plus un contemplateur a l'âme sensible, plus il se livre aux extases qu'excite en lui cet accord. Une rêverie douce et profonde s'empare alors de ses sens, et il se perd avec une délicieuse ivresse dans l'immensité de ce beau système avec lequel il se sent identifié. Alors tous les objets particuliers lui échappent; il ne voit et ne sent rien que dans le tout. Il faut que quelque circonstance particulière resserre ses idées et circonscrive son imagination, pour qu'il puisse observer par parties cet univers qu'il s'efforçait d'embrasser.

C'est ce qui m'arriva naturellement quand mon cœur, resserré par la détresse, rapprochait et concentrait tous ses mouvements autour de lui pour conserver ce reste de chaleur prêt à s'évaporer et s'éteindre, dans l'abattement où je tombais par degrés. J'errais nonchalamment dans les bois et dans les montagnes, n'osant penser, de peur d'attrister mes douleurs. Mon imagination, qui se refuse aux objets de peine, laissait mes sens se livrer aux impressions légères, mais douces, des objets environnants. Mes yeux se promenaient sans cesse de l'un à l'autre, et il n'était pas possible que, dans une variété si grande, il ne s'en trouvât qui les fixaient davantage et les arrêtaient plus longtemps.

Je pris goût à cette récréation des yeux, qui, dans l'infortune, repose, amuse, distrait l'esprit et suspend le sentiment des peines. La nature des objets aide beaucoup à cette diversion et la rend plus séduisante. Les odeurs suaves, les vives couleurs, les plus élégantes formes semblent se disputer à l'envi le droit de fixer notre attention. Il ne faut qu'aimer le plaisir pour se livrer à des sensations si douces ; et si cet effet n'a pas lieu sur tous ceux qui en sont frappés, c'est, dans les uns, faute de sensibilité naturelle, et, dans la plupart, que leur esprit, trop occupé d'autres idées, ne se livre qu'à la dérobée aux objets qui frappent leurs sens.

Une autre chose contribue encore à éloigner du règne végétal l'attention des gens de goût : c'est l'habitude de ne chercher dans les plantes que des drogues et des remèdes. Théophraste s'y était pris autrement, et l'on peut regarder ce philosophe comme le seul botaniste de l'antiquité : aussi n'est-t'il presque point connu parmi nous ; mais, grâce à un certain Dioscoride, grand compilateur de recettes, et à ses commentateurs, la médecine s'est tellement emparée des plantes transformées en simples, qu'on n'y voit que ce qu'on n'y voit point, savoir, les prétendues vertus qu'il plaît au tiers et au quart de leur attribuer. On ne conçoit pas que l'organisation végétale puisse par elle-même mériter quelque attention ; des gens qui passent leur vie à arranger savamment des coquilles se moquent de la botanique comme d'une étude inutile quand on n'y joint pas, comme ils disent, celle des propriétés ; c'est-à-dire quand on n'abandonne pas l'observation de la nature, qui ne ment point et qui ne nous dit rien de tout cela, pour se livrer uniquement à l'autorité des hommes, qui sont menteurs et qui nous affirment beaucoup de choses qu'il faut croire sur leur parole, fondée elle-même, le plus souvent, sur l'autorité d'autrui. Arrêtez-vous dans une prairie émaillée à examiner successivement les fleurs dont elle brille ; ceux qui vous verront faire, vous prenant pour un frater, vous demanderont des herbes pour guérir la rogne des enfants, la gale des hommes, ou la morve des chevaux.

Ce degoûtant préjugé est détruit en partie dans les autres pays, et surtout en Angleterre, grâce à Linnæus, qui a un peu tiré la botanique des écoles de pharmacie, pour la rendre à l'histoire naturelle et aux usages économiques ; mais en France, où cette étude a moins pénétré chez les gens du monde, on est resté, sur ce point, tellement barbare, qu'un bel esprit de Paris, voyant à Londres un jardin de curieux, plein d'arbres et de plantes rares, s'écria, pour tout éloge : « Voilà un fort beau jardin d'apothicaire ! » A ce compte, le premier apothicaire fut Adam, car il n'est pas aisé d'imaginer un jardin mieux assorti de plantes que celui d'Eden.

Ces idées médicinales ne sont assurément guère propres à rendre agréable l'étude de la botanique ; elles flétrissent l'émail des prés, l'éclat des fleurs, dessèchent la fraîcheur des bocages, rendent la verdure et les ombrages insipides et dégoûtants ; toutes ces structures charmantes et gracieuses intéressent fort peu quiconque ne veut que piler tout cela dans un mortier, et l'on n'ira pas chercher des guirlandes pour les bergères parmi des herbes pour les lavements.

Toute cette pharmacie ne souillait point mes images champêtres ; rien n'en était plus éloigné que des tisanes et des emplâtres. J'ai souvent pensé, en regardant de près les champs, les vergers, les bois et leurs nombreux habitants, que le règne végétal était un magasin d'aliments donnés par la nature à l'homme et aux animaux ; mais jamais il ne m'est venu à l'esprit d'y chercher des drogues et des remèdes. Je ne vois rien, dans ces diverses productions, qui m'indique un pareil usage ; et elle nous aurait montré le choix, si elle nous l'avait prescrit, comme elle a fait pour les comestibles. Je sens même que le plaisir que je prends à parcourir les bocages serait empoisonné par le sentiment des infirmités humaines, s'il me laissait penser à la fièvre, à la pierre, à la goutte, et au mal caduc. Du reste, je ne disputerai point aux végétaux les grandes vertus qu'on leur attribue ; je dirai seulement qu'en supposant ces vertus réelles, c'est malice pure aux malades de continuer à l'être; car, de tant de maladies que les hommes se donnent, il n'y en a pas une seule dont vingt sortes d'herbes ne guérissent radicalement.

Ces tournures d'esprit, qui rapportent toujours tout à notre intérêt matériel, qui font chercher partout du profit ou des remèdes, et qui feraient regarder avec indifférence toute la nature si l'on se portait toujours bien, n'ont jamais été les miennes. Je me sens là-dessus tout à rebours des autres hommes : tout ce qui tient au sentiment de mes besoins attriste et gâte mes pensées, et jamais je n'ai trouvé de vrais charmes aux plaisirs de l'esprit, qu'en perdant tout à fait de vue l'intérêt de mon corps. Ainsi, quand même je croirais à la médecine, et quand même ses remèdes seraient agréables, je ne trouverais jamais, à m'en occuper, ces délices que donne une contemplation pure et désintéressée, et mon âme ne saurait s'exalter et planer sur la nature, tant que je la sens tenir aux liens de mon corps. D'ailleurs, sans avoir eu jamais grande confiance à la médecine, j'en ai eu beaucoup à des médecins que j'estimais, que j'aimais, et à qui je laissais gouverner ma carcasse avec pleine autorité. Quinze ans d'expérience m'ont instruit à mes dépens ; rentré maintenant sous les seules lois de la nature, j'ai repris par elle ma première santé. Quand les médecins n'auraient point contre moi d'autres griefs, qui pourrait s'étonner de leur haine ? Je suis la preuve vivante de la vanité de leur art et de l'inutilité de leurs soins.

Non, rien de personnel, rien qui tienne à l'intérêt de mon corps ne peut occuper vraiment mon âme. Je ne mé-

dite, je ne rêve jamais plus délicieuse-
ment que quand je m'oublie moi-même.
Je sens des extases, des ravissements
inexprimables à me fondre, pour ainsi
dire, dans le système des êtres, à m'i-
dentifier avec la nature entière. Tant
que les hommes furent mes frères, je me
faisais des projets de félicité terrestre ;
ces projets étant toujours relatifs au
tout, je ne pouvais être heureux que de
la félicité publique, et jamais l'idée d'un
bonheur particulier n'a touché mon cœur
que quand j'ai vu mes frères ne chercher
le leur que dans ma misère. Alors, pour
ne les pas haïr, il a bien fallu les fuir ;
alors, me réfugiant chez la mère commune, j'ai cherché dans ses bras à me
soustraire aux atteintes de ses enfants ;
je suis devenu solitaire, ou, comme ils
disent, insociable et misanthrope, parce
que la plus sauvage solitude me paraît
préférable à la société des méchants,
qui ne se nourrit que de trahisons et de
haine.

Forcé de m'abstenir de penser, de
peur de penser à mes malheurs malgré

moi ; forcé de contenir les restes d'une imagination riante, mais languissante, que tant d'angoisses pourraient effaroucher à la fin ; forcé de tâcher d'oublier les hommes qui m'accablent d'ignominies et d'outrages, de peur que l'indignation ne m'aigrît enfin contre eux, je ne puis cependant me concentrer tout entier en moi-même, parce que mon âme expansive cherche, malgré que j'en aie, à étendre ses sentiments et son existence sur d'autres êtres, et je ne puis plus, comme autrefois, me jeter, tête baissée, dans ce vaste océan de la nature, parce que mes facultés, affaiblies et relâchées, ne trouvent plus d'objets assez déterminés, assez fixes, assez à ma portée, pour s'y attacher fortement, et que je ne me sens plus assez de vigueur pour nager dans le chaos de mes anciennes extases. Mes idées ne sont presque plus que des sensations, et la sphère de mon entendement ne passe pas les objets dont je suis immédiatement entouré.

Fuyant les hommes, cherchant la solitude, n'imaginant plus, pensant encore moins, et cependant doué d'un tempérament vif, qui m'éloigne de l'apathie languissante et mélancolique, je commençai de m'occuper de tout ce qui m'entourait, et, par instinct fort naturel, je donnai la préférence aux objets les plus agréables. Le règne minéral n'a rien en soi d'aimable et d'attrayant ; ses richesses, enfermées dans le sein de la terre, semblent avoir été éloignées des regards des hommes pour ne pas tenter leur cupidité : elles sont là comme en réserve pour servir un jour de supplément aux véritables richesses qui sont plus à sa portée, et dont il perd le goût à mesure qu'il se corrompt. Alors il faut qu'il appelle l'industrie, la peine et le travail au secours de ses misères ; il fouille les entrailles de la terre ; il va chercher dans son centre, aux risques de sa vie et aux dépens de sa santé, des biens imaginaires, à la place des biens réels qu'elle lui offrait d'elle-même quand il savait en jouir. Il fuit le soleil et le jour, qu'il n'est plus digne de voir ; il

s'enterre tout vivant, et fait bien, ne mé-
ritant plus de vivre à la lumière du jour.
Là, des carrières, des gouffres, des for-
ges, des fourneaux, un appareil d'en-
clumes, de marteaux, de fumée et de feu,
succède aux douces images des travaux
champêtres. Les visages hâves des malheureux qui languissent dans les infectes
vapeurs des mines, de noirs forgerons,
de hideux cyclopes, sont le spectacle
que l'appareil des mines substitue, au
sein de la terre, à celui de la verdure et
des fleurs, du ciel azuré, des bergers
amoureux et des laboureurs robustes,
sur sa surface.

Il est aisé, je l'avoue, d'aller ramas-
sant du sable et des pierres, d'en remplir
ses poches et son cabinet, et de se donner avec cela les airs de naturaliste :
mais ceux qui s'attachent et se bornent
à ces sortes de collections sont, pour
l'ordinaire, de riches ignorants qui ne
cherchent à cela que le plaisir de l'éta-
lage. Pour profiter dans l'étude des mi-
néraux, il faut être chimiste et physicien ;
il faut faire des expériences pénibles et

coûteuses, travailler dans des labora-
toires, dépenser beaucoup d'argent et
de temps parmi le charbon, les creusets,
les fourneaux, les cornues, dans la fumée et les vapeurs étouffantes, toujours
au risque de sa vie, et souvent aux dépens de sa santé. De tout ce triste et
fatigant travail résulte, pour l'ordinaire,
beaucoup moins de savoir que d'orgueil ;
et où est le plus médiocre chimiste qui
ne croie pas avoir pénétré toutes les
grandes opérations de la nature, pour
avoir trouvé, par hasard peut-être, quelques petites combinaisons de l'art ?

Le règne animal est plus à notre portée et certainement mérite encore mieux
d'être étudié ; mais enfin, cette étude
n'a-t-elle pas aussi ses difficultés, ses
embarras, ses dégoûts et ses peines, surtout pour un solitaire qui n'a, ni dans
ses jeux ni dans ses travaux, d'assistance
à espérer de personne ? Comment observer, disséquer, étudier, connaître les oiseaux dans les airs, les poissons dans
l'eau, les quadrupèdes plus légers que
le vent, plus forts que l'homme, et qui

ne sont pas plus disposés à venir s'offrir à mes recherches que moi de courir après eux pour les y soumettre de force ? J'aurais donc pour ressource des escargots, des vers, des mouches, et je passerais ma vie à me mettre hors d'haleine pour courir après les papillons, à empaler de pauvres insectes, à disséquer des souris quand j'en pourrais prendre, ou les charognes des bêtes que par hasard je trouverais mortes. L'étude des animaux n'est rien sans l'anatomie ; c'est par elle qu'on apprend à les classer, à distinguer les genres, les espèces. Pour les étudier par leurs mœurs, par leurs caractères, il faudrait avoir des volières, des viviers, des ménageries ; il faudrait les contraindre, en quelque manière que ce put être, à rester rassemblés autour de moi ; je n'ai ni le goût, ni les moyens de les tenir en captivité, ni l'agilité nécessaire pour les suivre dans leurs allures quand ils sont en liberté. Il faudra donc les étudier morts, les déchirer, les désosser, fouiller à loisir dans leurs entrailles palpitantes ! Quel appareil affreux qu'un amphithéâtre anatomique ! des cadavres puants, de baveuses et livides chairs, du sang, des intestins dégoûtants, des squelettes affreux, des vapeurs pestilentielles ! Ce n'est pas là, sur ma parole, que Jean-Jacques ira chercher ses amusements.

Brillantes fleurs, émail des prés, ombrages frais, ruisseaux, bosquets, verdure, venez purifier mon imagination salie par tous ces hideux objets. Mon âme, morte à tous les grands mouvements, ne peut plus s'affecter que par des objets sensibles ; je n'ai plus que des sensations, et ce n'est plus que par elles que la peine ou le plaisir peuvent m'atteindre ici-bas. Attiré par les riants objets qui m'entourent, je les considère, je les contemple, je les compare, j'apprends enfin à les classer, et me voilà tout d'un coup aussi botaniste qu'a besoin de l'être celui qui ne veut étudier la nature que pour trouver sans cesse de nouvelles raisons de l'aimer.

Je ne cherche point à m'instruire : il est trop tard. D'ailleurs je n'ai jamais vu que tant de science contribuât au bonheur de la vie ; mais je cherche à me donner des amusements doux et simples que je puisse goûter sans peine et qui me distraient de mes malheurs. Je n'ai ni dépense à faire, ni peine à prendre pour errer nonchalamment d'herbe en herbe, de plante en plante, pour les examiner, pour comparer leurs divers caractères, pour marquer leurs rapports et leurs différences, enfin pour observer l'organisation végétale de manière à suivre la marche et le jeu de ces machines vivantes, à chercher quelquefois avec succès leurs lois générales, la raison et la fin de leurs structures diverses, et à me livrer aux charmes de l'admiration reconnaissante pour la main qui me fait jouir de tout cela.

Les plantes semblent avoir été semées avec profusion sur la terre, comme les étoiles dans le ciel, pour inviter l'homme, par l'attrait du plaisir et de la curiosité, à l'étude de la nature : mais les astres sont placés loin de nous, il faut des connaissances préliminaires, des instruments, des machines, de bien longues échelles, pour les atteindre et les rapprocher à notre portée. Les plantes y sont naturellement : elles naissent sous nos pieds, et dans nos mains, pour ainsi dire ; et si la petitesse de leurs parties essentielles les dérobe quelquefois à la simple vue, les instruments qui les y rendent sont d'un beaucoup plus facile usage que ceux de l'astronomie. La botanique est l'étude d'un oisif et paresseux solitaire : une pointe et une loupe sont tout l'appareil dont il a besoin pour les observer. Il se promène, il erre librement d'un objet à l'autre ; il fait la revue de chaque fleur avec intérêt et curiosité ; et, sitôt qu'il commence à saisir les lois de leur structure, il goûte à les observer un plaisir sans peine, aussi vif que s'il lui en coûtait beaucoup. Il y a dans cette oiseuse occupation un charme qu'on ne sent que dans le plein calme des passions, mais qui suffit seul alors pour rendre la vie heureuse et douce ; mais sitôt qu'on y mêle un motif d'intérêt ou de vanité, soit pour

remplir des places ou pour faire des livres, sitôt qu'on ne veut apprendre que
pour instruire, qu'on n'herborise que
pour devenir auteur ou professeur,
tout ce doux charme s'évanouit, on ne
voit plus dans les plantes que des instruments de nos passions, on ne trouve
plus aucun vrai plaisir dans leur étude,
on ne veut plus savoir, mais montrer
qu'on sait, et dans les bois on n'est que
sur le théâtre du monde, occupé du soin
de s'y faire admirer ; ou bien, se bornant
à la botanique de cabinet et de jardin
tout au plus, au lieu d'observer les végétaux dans la nature, on ne s'occupe que
de systèmes et de méthodes : matière
éternelle de dispute, qui ne fait pas
connaître une plante de plus et ne jette
aucune véritable lumière sur l'histoire
naturelle et le règne végétal. De là les
haines, les jalousies, que la concurrence
de célébrité excite chez les botanistes
auteurs, autant et plus que chez les autres savants. En dénaturant cette aimable étude, ils la transplantent au milieu des villes et des académies, où elles

ne dégénèrent pas moins que les plantes exotiques dans les jardins des curieux.

Des dispositions bien différentes ont fait pour moi de cette étude une espèce de passion qui remplit le vide de toutes celles que je n'ai plus. Je gravis les rochers, les montagnes, je m'enfonce dans les vallons, dans les bois, pour me dérober, autant qu'il est possible, au souvenir des hommes et aux atteintes des méchants. Il me semble que sous les ombrages d'une forêt je suis oublié, libre et paisible, comme si je n'avais plus d'ennemis, ou que le feuillage des bois dût me garantir de leurs atteintes comme il les éloigne de mon souvenir ; et je m'imagine dans ma bêtise qu'en ne pensant point à eux ils ne penseront point à moi. Je trouve une si grande douceur dans cette illusion que je m'y livrerais tout entier, si ma situation, ma faiblesse et mes besoins me le permettaient. Plus la solitude où je vis alors est profonde, plus il faut que quelque objet en remplisse le vide ; et ceux que mon imagination me refuse ou que ma mémoire repousse sont suppléés par les productions spontanées que la terre, non forcée par les hommes, offre à mes yeux de toutes parts. Le plaisir d'aller dans un désert chercher de nouvelles plantes couvre celui d'échapper à mes persécuteurs ; et, parvenu dans des lieux où je ne vois nulles traces d'hommes, je respire plus à mon aise, comme dans un asile où leur haine ne me poursuit plus.

Je me rappellerai toute ma vie une herborisation que je fis un jour du côté de la Robaila, montagne du justicier Clerc. J'étais seul, je m'enfonçais dans les anfractuosités de la montagne ; et, de bois en bois, de roche en roche, je parvins à un réduit si caché que je n'ai vu de ma vie un aspect plus sauvage. De noirs sapins entremêlés de hêtres prodigieux, dont plusieurs tombés de vieillesse, et entrelacés les uns dans les autres, fermaient ce réduit de barrières impénétrables ; quelques intervalles que laissait cette sombre enceinte, n'offraient au delà que des roches coupées à pic, et d'horribles précipices, que je n'osais regarder qu'en me couchant sur le ventre. Le duc, la chevêche et l'orfraie faisaient entendre leurs cris dans les fentes de la montagne ; quelques petits oiseaux rares, mais familiers, tempéraient cependant l'horreur de cette solitude, là, je trouvai la dentaire *heptaphyllos*, le *ciclamen*, le *nidus avis*, le grand *lacerpitium*, et quelques autres plantes qui me charmèrent et m'amusèrent longtemps ; mais, insensiblement dominé par la forte impression des objets, j'oubliai la botanique et les plantes, je m'assis sur des oreillers de *lycopodium* et de mousses, et je me mis à rêver plus à mon aise, en pensant que j'étais là dans un refuge ignoré de tout l'univers où les persécuteurs ne me déterreraient pas. Un mouvement d'orgueil se mêla bientôt à cette rêverie. Je me comparais à ces grands voyageurs qui découvrent une île déserte, et je me disais avec complaisance : Sans doute je suis le premier mortel qui ai pénétré jusqu'ici. Je me reardais presque comme un autre Colomb. Tandis que je me pavanais dans cette idée, j'entendis peu loin de moi un certain cliquetis que je crus reconnaître ; j'écoute : le même bruit se répète et se multiplie. Surpris et curieux, je me lève, je perce à travers un fourré de broussailles du côté d'où venait le bruit et, dans une combe, à vingt pas du lieu même où je croyais être venu le premier, j'aperçois une manufacture de bas.

Je ne saurais exprimer l'agitation confuse et contradictoire que je sentis dans mon cœur à cette découverte. Mon premier mouvement fut un sentiment de joie de me retrouver parmi des humains où je m'étais cru totalement seul ; mais ce mouvement, plus rapide que l'éclair, fit bientôt place à un sentiment douloureux plus durable, comme ne pouvant dans les antres mêmes des Alpes échapper aux cruelles mains des hommes acharnés à me tourmenter. Car j'étais bien sûr qu'il n'y avait peut-être pas deux hommes dans cette fabrique qui ne fussent initiés dans le complot dont le prédicant Montmollin s'était fait le chef, et qui tirait de plus loin ses premiers mobiles. Je me hâtai d'écarter cette triste idée, et je finis par rire en moi-même, et de ma vanité puérile, et de la manière comique dont j'en avais été puni.

Mais, en effet, qui jamais eût dû s'attendre à trouver une manufacture dans un précipice ! Il n'y a que la Suisse au monde qui présente ce mélange de la nature sauvage et de l'industrie humaine. La Suisse entière n'est, pour ainsi dire, qu'une grande ville, dont les rues larges et longues, plus que celle de Saint-Antoine, sont semées de forêts, coupées de montagnes, et dont les maisons éparses et isolées ne communiquent entre elles que par des jardins anglais. Je me rappelai à ce sujet une autre herborisation que Du Peyrou, d'Escherny, le colonel de Pury, le justicier Clerc et moi, avions faite il y avait quelque temps sur la montagne de Chasseron, du sommet de laquelle on découvre sept lacs. On nous dit qu'il n'y avait qu'une seule maison sur cette montagne, et nous

n'eussions sûrement pas deviné la profession de celui qui l'habitait, si l'on
n'eût ajouté que c'était un libraire, et
qui même faisait fort bien ses affaires
dans le pays. Il me semble qu'un seul
fait de cette espèce fait mieux connaître
la Suisse que toutes les descriptions des
voyageurs.

En voici un autre de même nature,
ou à peu près, qui ne fait pas moins connaître un peuple fort différent. Durant
mon séjour à Grenoble je faisais souvent
de petites herborisations hors de la ville
avec le sieur Bovier, avocat de ce
pays-là ; non pas qu'il aimât ni sût la
botanique, mais parce que, s'étant fait
mon garde de la manche, il se faisait,
autant que la chose était possible, une
loi de ne pas me quitter d'un pas. Un
jour nous nous promenions le long de
l'Isère, dans un lieu tout plein de saules
épineux. Je vis sur ces arbrisseaux des
fruits mûrs ; j'eus la curiosité d'en goûter, et, leur trouvant une petite acidité
très agréable, je me mis à manger de
ces grains pour me rafraîchir : le sieur

Bovier se tenait à côté de moi sans m'i-
miter et sans rien dire. Un de ses amis
survint, qui, me voyant picorer ces
grains, me dit : « Eh ! monsieur, que
faites-vous là ? Ignorez-vous que ce fruit
empoisonne ? — Ce fruit empoisonne !
m'écriai-je tout surpris. — Sans doute,
reprit-il ; et tout le monde sait si bien
cela que personne dans le pays ne s'a-
vise d'en goûter. » Je regardai le sieur
Bovier, et je lui dis : « Pourquoi donc
ne m'avertissiez-vous pas ? — Ah ! monsieur, me répondit-il d'un ton respec-
tueux, je n'osais pas prendre cette liberté. » Je me mis à rire de cette humi-
lité dauphinoise, en discontinuant néanmoins ma petite collation. J'étais persuadé, comme je le suis encore, que
toute production naturelle, agréable au
goût, ne peut être nuisible au corps, ou
ne l'est du moins que par son excès.
Cependant, j'avoue que je m'écoutai un
peu tout le reste de la journée : mais
j'en fus quitte pour un peu d'inquiétude ;
je soupai très bien, dormi mieux, et me
levai le matin en parfaite santé, après

avoir avalé la veille quinze ou vingt grains de ce terrible *hippophœ*, qui empoisonne à très petite dose, à ce que tout le monde me dit à Grenoble le lendemain. Cette aventure me parut si plaisante que je ne me rappelle jamais sans rire de la singulière discrétion de M. l'avocat Bavier.

Toutes mes courses de botanique, les diverses impressions du local des objets qui m'ont frappé, les idées qu'il m'a fait naître, les incidents qui s'y sont mêlés, tout cela m'a laissé des impressions qui se renouvellent par l'aspect des plantes herborisées dans ces mêmes lieux. Je ne reverrai plus ces beaux paysages, ces forêts, ces lacs, ces bosquets, ces rochers, ces montagnes, dont l'aspect a toujours touché mon cœur ; mais, maintenant que je ne peux plus courir ces heureuses contrées, je n'ai qu'à ouvrir mon herbier, et bientôt il m'y transporte. Les fragments des plantes que j'y ai cueillies suffisent pour me rappeler tout ce magnifique spectacle. Cet herbier est pour moi un journal d'herborisations, qui me les fait recommencer avec un nouveau charme et produit l'effet d'un optique qui les peindrait derechef à mes yeux.

C'est la chaîne des idées accessoires qui m'attache à la botanique. Elle rassemble et rappelle à mon imagination toutes les idées qui la flattent davantage : les prés, les eaux, les bois, la solitude, la paix surtout, et le repos qu'on trouve au milieu de tout cela, sont retracés par elle incessamment à ma mémoire. Elle me fait oublier les persécutions des hommes, leur haine, leurs mépris, leurs outrages, et tous les maux dont ils ont payé mon tendre et sincère attachement pour eux. Elle me transporte dans des habitations paisibles, au milieu de gens simples et bons, tels que ceux avec qui j'ai vécu jadis. Elle me rappelle et mon jeune âge, et mes innocents plaisirs ; elle m'en fait jouir derechef et me rend heureux bien souvent encore, au milieu du plus triste sort qu'ait subi jamais un mortel.

HUITIEME PROMENADE

N méditant sur les dis- positions de mon âme dans toutes les situations de ma vie, je suis extrê- mement frappé de voir si peu de proportion entre les diverses combinaisons de ma desti- née et les sentiments habituels de bien ou mal être dont elles m'ont affecté. Les divers intervalles de mes courtes

prospérités ne m'ont laissé presque aucun souvenir agréable de la manière intime et permanente dont elles m'ont affecté ; et, au contraire, dans toutes les misères de ma vie, je me sentais constamment rempli de sentiments tendres, touchants, délicieux, qui, versant un baume salutaire sur les blessures de mon cœur navré, semblaient en convertir la douleur en volupté, et dont l'aimable souvenir me revient seul, dégagé de celui des maux que j'éprouvais en même temps. Il me semble que j'ai plus goûté la douceur de l'existence, que j'ai réellement plus vécu, quand mes sentiments, resserrés, pour ainsi dire, autour de mon cœur par ma destinée, n'allaient point s'évaporant au dehors sur tous les objets de l'estime des hommes, qui en méritent si peu par eux-mêmes, et qui font l'unique occupation des gens que l'on croît heureux.

Quand tout était dans l'ordre autour de moi, quand j'étais content de tout ce qui m'entourait, et de la sphère dans laquelle j'avais à vivre, je la remplis-

sais de mes affections. Mon âme expansive s'étendait sur d'autres objets ;
et, toujours attiré loin de moi par des
goûts de mille espèces, par des attachements aimables qui sans cesse occupaient mon cœur, je m'oubliais en quelque façon moi-même ; j'étais tout entier
à ce qui m'était étranger, et j'éprouvais
dans la continuelle agitation de mon
cœur, toute la vicissitude des choses humaines. Cette vie orageuse ne me laissait ni paix au dedans, ni repos au
dehors. Heureux en apparence, je
n'avais pas un sentiment qui pût soutenir l'épreuve de la réflexion, et dans lequel je pusse vraiment me complaire.
Jamais je n'étais parfaitement content
ni d'autrui, ni de moi-même. Le tumulte
du monde m'étourdissait, la solitude
m'ennuyait, j'avais sans cesse besoin de
changer de place, et je n'étais bien nulle
part. J'étais fêté pourtant, bien voulu,
bien reçu, caressé partout ; je n'avais
par un ennemi, pas un malveillant, pas
un envieux ; comme on ne cherchait
qu'à m'obliger, j'avais souvent le plaisir

d'obliger moi-même beaucoup de monde et, sans bien, sans emploi, sans fauteurs, sans grands talents bien développés ni bien connus, je jouissais des avantages attachés à tout cela, et je ne voyais personne, dans aucun état dont le sort me parût préférable au mien. Que me manquait-il donc pour être heureux? Je l'ignore ; mais je sais que je ne l'étais pas. Que me manque-t-il aujourd'hui pour être le plus infortuné des mortels? Rien de tout ce que les hommes ont pu mettre du leur pour cela. Eh bien ! dans cet état déplorable, je ne changerais pas encore d'être et de destinée contre le plus fortuné d'entre eux ; et j'aime encore mieux être moi dans toute ma misère, que d'être aucun de ces gens-là dans toute leur prospérité. Réduit à moi seul, je me nourris, il est vrai, de ma propre substance, mais elle ne s'épuise pas ; je me suffis à moi-même, quoique je rumine, pour ainsi dire, et que mon imagination tarie et mes idées éteintes ne fournissent plus d'aliments à mon cœur. Mon âme, offusquée, osbtruée par mes organes, s'affaisse de jour en jour, et, sous le poids de ces lourdes masses, n'a plus assez de vigueur pour s'élancer, comme autrefois, hors de sa vieille enveloppe.

C'est à ce retour sur nous-mêmes que nous force l'adversité ; et c'est peut-être là ce qui la rend le plus insupportable à la plupart des hommes. Pour moi, qui ne trouve à me reprocher que des fautes, j'en accuse ma faiblesse, et je me console ; car jamais mal prémédité n'approcha de mon cœur.

Cependant, à moins d'être stupide, comment contempler un moment ma situation, sans la voir aussi horrible qu'ils l'ont rendue, et sans périr de douleur et de désespoir ? Loin de cela, moi, le plus sensible des êtres, je la contemple et ne m'en émeus pas ; et, sans combat, sans efforts sur moi-même, je me vois presque avec indifférence dans un état dont nul autre homme peut-être ne supporterait l'aspect sans effroi.

Comment en suis-je venu là ? car j'étais loin de cette disposition paisible, au premier soupçon du complot dont j'étais enlacé depuis longtemps sans m'en être aucunement aperçu. Cette découverte nouvelle me bouleversa. L'infamie et la trahison me surprirent au dépourvu. Quelle âme honnête est préparée à de tels genres de peines ? Il faudrait les mériter pour les prévoir. Je tombai dans tous les pièges qu'on creusa sous mes pas. L'indignation, la fureur, le délire s'emparèrent de moi : je perdis la tramontane. Ma tête se bouleversa, et, dans les ténèbres horribles où l'on n'a cessé de me tenir plongé, je n'aperçus plus ni lueur pour me conduire, ni appui, ni prise où je pusse me tenir ferme, et résister au désespoir qui m'entraînait.

Comment vivre heureux et tranquille dans cet état affreux ; J'y suis pourtant encore, et plus enfoncé que jamais, et j'y ai retrouvé le calme et la paix, et j'y vis heureux et tranquille, et j'y ris des incroyables tourments que mes persécuteurs se donnent sans cesse, tandis que je reste en paix, occupé de fleurs,

d'étamines et d'enfantillages, et que je
ne songe pas même à eux.

Comment s'est fait ce passage ? Naturellement, insensiblement et sans
peine. La première surprise fut épou-
vantable. Moi qui me sentais digne
d'amour et d'estime, moi qui me croyais
honoré, chéri, comme je méritais de
l'être, je me vis travesti tout d'un coup en
un monstre affreux, tel qu'il n'en exista
jamais. Je vois toute une génération se
précipiter tout entière dans cette
étrange opinion, sans explication, sans
doute, sans honte et sans que je puisse
parvenir à savoir jamais la cause de
cette étrange révolution. Je me débattis
avec violence, et ne fis que mieux m'enlacer. Je voulus forcer mes persécuteurs à s'expliquer avec moi ; ils
n'avaient garde. Après m'être longtemps tourmenté sans succès, il fallut
bien prendre haleine. Cependant j'espérais toujours : je me disais : Un aveu-
glement si stupide, une si absurde pré-
vention, ne saurait gagner tout le genre
humain. Il y a des hommes de sens qui

ne partagent pas le délire ; il y a des âmes justes qui détestent la fourberie et les traîtres. Cherchons, je trouverai peut-être enfin un homme ; si je le trouve, ils sont confondus. J'ai cherché vainement ; je ne l'ai point trouvé. La ligue est universelle, sans exception, sans retour ; et je suis sûr d'achever mes jours dans cette affreuse proscription, sans jamais en pénétrer le mystère.

C'est dans cet état déplorable qu'après de longues angoisses, au lieu du désespoir qui semblait devoir être enfin mon partage, j'ai retrouvé la sérénité, la tranquillité, la paix, le bonheur même, puisque chaque jour de ma vie me rappelle avec plaisir celui de la veille, et que je n'en désire point d'autre pour le lendemain.

D'où vient cette différence ? D'une seule chose : c'est que j'ai appris à porter le joug de la nécessité sans murmure ; c'est que je m'efforçais de tenir encore à mille choses, et que toutes ces prises m'ayant successivement échappé, réduit à moi seul, j'ai repris enfin mon assiette. Pressé de tous côtés, je demeure en équilibre, parce que je ne m'appuie que sur moi.

Quand je m'élevais avec tant d'ardeur contre l'opinion, je portais encore son joug sans que je m'en aperçusse. On veut être estimé des gens qu'on estime ; et tant que je pus juger avantageusement des hommes, ou du moins de quelques hommes, les jugements qu'ils portaient de moi ne pouvaient m'être indifférents : je voyais que souvent les jugements du public sont équitables ; mais je ne voyais pas que cette équité même était l'effet du hasard ; que les règles sur lesquelles les hommes fondent leurs opinions ne sont tirées que de leurs passions ou de leurs préjugés, qui en sont l'ouvrage ; et que, lors même qu'ils jugent bien, souvent encore ces bons jugements naissent d'un mauvais principe, comme lorsqu'ils feignent d'honorer en quelques succès le mérite d'un homme, non par esprit de justice, mais pour se donner un air impartial, en calomniant tout à leur aise le même homme sur d'autres points.

Mais quand, après de si longues et vaines recherches, je les vis tous rester sans exception dans le plus inique et absurde système que l'esprit infernal pût inventer ; quand je vis qu'à mon égard la raison était bannie de toutes les têtes et l'équité de tous les cœurs ; quand je vis une génération frénétique se livrer tout entière à l'aveugle fureur de ses guides contre un infortuné qui jamais ne fit, ne voulut, ne rendit de mal à personne ; quand, après avoir vainement cherché un homme, il fallut éteindre enfin ma lanterne et m'écrier : Il n'y en a plus ; alors je commençai à me voir seul sur la terre, et je compris que mes contemporains n'étaient par rapport à moi que des êtres mécaniques, qui n'agissaient que par impulsion, et dont je ne pouvais calculer l'action que par les lois du mouvement : quelque intention, quelque passion que j'eusse pu supposer dans leurs âmes, elles n'auraient jamais expliqué leur conduite à mon égard d'une façon que je pusse entendre. C'est ainsi que leurs dispositions intérieures cessèrent d'être quelque chose pour moi ; je ne vis plus en eux que des masses différemment mues, dépourvues à mon égard de toute moralité.

Dans tous les maux qui nous arrivent, nous regardons plus à l'intention qu'à l'effet ; une tuile qui tombe d'un toit peut nous blesser davantage, mais ne nous navre pas tant qu'une pierre lancée à dessein par une main malveillante : le coup porte à faux quelquefois, mais l'intention ne manque jamais son atteinte. La douleur matérielle est ce qu'on sent le moins dans les atteintes de la fortune, et quand les infortunés ne savent à qui s'en prendre de leurs malheurs, ils s'en prennent à la destinée, qu'ils personnifient, et à laquelle ils prêtent des yeux et une intelligence pour les tourmenter à dessein : c'est ainsi qu'un joueur, dépité par ses pertes, se met en fureur sans savoir contre qui ; il imagine un sort qui s'acharne à dessein contre lui pour le tourmenter, et, trouvant un aliment à sa colère, il s'anime et s'enflamme contre l'ennemi qu'il s'est créé. L'homme sage, qui ne voit dans tous les malheurs qui lui arrivent que les coups de l'aveugle nécessité, n'a point ces agitations insensées ; il crie dans sa douleur, mais sans emportement, sans colère ; il ne sent du mal dont il est la proie que l'atteinte matérielle, et les coups qu'il reçoit ont beau blesser sa personne, pas un n'arrive jusqu'à son cœur.

C'est beaucoup d'en être venu là, mais ce n'est pas tout si l'on s'arrête : c'est bien avoir coupé le mal, mais c'est avoir laissé la racine ; car cette racine n'est pas dans les êtres qui nous sont étrangers, elle est en nous-mêmes, et c'est là qu'il faut travailler pour l'arracher tout à fait. Voilà ce que je sentis parfaitement dès que je commençai de revenir à moi : ma raison ne me montrant qu'absurdités dans toutes les explications que je cherchais à donner à ce qui m'arrive, je compris que les causes, les instruments, les moyens de tout cela m'étant inconnus et inexplicables, devaient être nuls pour moi ; que je devais regarder tous les détails de ma destinée comme autant d'actes d'une pure fatalité, où je ne devais supposer ni direction, ni intention, ni cause morale ; qu'il fallait m'y soumettre sans raisonner et sans regimber, parce que cela était inutile ; que tout ce que j'avais à faire encore sur la terre étant de m'y regarder comme un être purement passif, je ne devais point user à résister inutilement à ma destinée la force qui me restait pour la supporter. Voilà ce que je me disais : ma raison, mon cœur y acquiesçaient, et néanmoins je sentais ce cœur murmurer encore. D'où venait ce murmure ? Je le cherchai, je le trouvai ; il venait de l'amour-propre, qui, après s'être indigné contre les hommes, se soulevait encore contre la raison.

Cette découverte n'était pas si facile à faire qu'on le pourrait croire, car un innocent persécuté prend longtemps pour un pur amour de la justice l'orgueil de son petit individu : mais aussi la véritable source, une fois bien connue, est facile à tarir, ou du moins à détourner. L'estime de soi-même est le plus grand mobile des âmes fières ; l'amour-propre, fertile en illusions, se déguise et se fait prendre pour cette estime ; mais quand la fraude enfin se découvre et que l'amour-propre ne peut plus se cacher, dès lors il n'est plus à craindre, et, quoiqu'on l'étouffe avec peine, on le subjugue au moins aisément.

Je n'eus jamais beaucoup de pente à l'amour-propre ; mais cette passion factice s'était exaltée en moi dans le monde, et surtout quand je fus auteur : j'en avais peut-être encore moins qu'un autre, mais j'en avais prodigieusement. Les terribles leçons que j'ai reçues l'ont bientôt renfermé dans ses premières bornes : il commença par se révolter contre l'injustice, mais il a fini par la dédaigner ; en se repliant sur mon âme, en coupant les relations extérieures qui le rendent exigeant, en renonçant aux comparaisons, aux préférences, il s'est contenté que je fusse bon pour moi. Alors, redevenant amour de moi-même, il est rentré dans l'ordre de la nature, et m'a délivré du joug de l'opinion.

Dès lors j'ai retrouvé la paix de l'âme et presque la félicité ; car, dans quelque situation qu'on se trouve, ce n'est que par lui qu'on est constamment malheureux. Quand il se tait et que la raison parle, elle nous console enfin de tous les maux qu'il n'a pas dépendu de nous d'éviter : elle les anéantit même autant qu'ils n'agissent pas immédiatement sur nous ; car on est sûr alors d'éviter leurs plus poignantes atteintes en cessant de s'en occuper. Ils ne sont rien pour celui qui n'y pense pas : les offenses, les vengeances, les passe-droits, les outrages, les injustices, ne sont rien pour celui qui ne voit dans les maux qu'il endure que le mal même et non pas l'intention, pour celui dont la place ne dépend pas dans sa propre estime de celle qu'il plaît aux autres de lui accorder. De quelque façon que les hommes veuillent me voir, ils ne sauraient changer mon être ; et, malgré leur puissance et malgré toutes leurs sourdes intrigues, je continuerai, quoi qu'ils fassent, d'être en dépit d'eux ce que je suis. Il est vrai que leurs dispositions à mon égard influent sur la situation réelle : la barrière qu'ils ont mise entre eux et moi m'ôte toute ressource de subsistance et d'assistance dans ma vieillesse et mes besoins. Elle me rend l'argent même inutile, puisqu'il ne peut me procurer les services qui me sont nécessaires, il n'y a plus ni commerce, ni secours réciproques, ni correspondance entre eux et moi. Seul au milieu d'eux, je n'ai que moi seul pour ressource, et cette ressource est bien faible à mon âge et dans l'état où je suis. Ces maux sont grands ; mais ils ont perdu sur moi toute leur force depuis que j'ai su les supporter sans m'en irriter. Les points où le vrai besoin se fait sentir sont toujours rares : la prévoyance et l'imagination les multiplient, et c'est par cette continuité de sentiments qu'on

s'inquiète et qu'on se rend malheureux.
Pour moi, j'ai beau savoir que je souf-
frirai demain, il me suffit de ne pas
souffrir aujourd'hui pour être tranquille ;
je ne m'affecte point du mal que je pré-
vois, mais seulement de celui que je sens,
et cela le réduit à très peu de chose.
Seul, malade et délaissé dans mon lit,
j'y peux mourir d'indigence, de froid et
de faim, sans que personne s'en mette
en peine. Mais qu'importe si je ne m'en
mets pas en peine moi-même, et si je
m'affecte aussi peu que les autres de mon
destin, quel qu'il soit ? N'est-ce rien,
surtout à mon âge, que d'avoir appris à
voir la vie et la mort, la maladie et la
santé, la richesse et la misère, la gloire
et la diffamation, avec la même indifférence ? Tous les autres vieillards s'in-
quiètent de tout, moi je ne m'inquiète de
rien ; quoi qu'il puisse arriver, tout m'est
indifférent ; et cette indifférence n'est
pas l'ouvrage de ma sagesse, elle est celui de mes ennemis, et devient une compensation des maux qu'ils me font. En
me rendant insensible à l'adversité, ils

m'ont fait plus de bien que s'ils m'eussent épargné ses atteintes : en ne l'éprouvant pas, je pouvais toujours la craindre, au lieu qu'en la subjuguant je ne la crains plus.

Cette disposition me livre, au milieu des traverses de ma vie, à l'incurie de mon naturel, presque aussi pleinement que si je vivais dans la plus complète prospérité : hors les courts moments où je suis rappelé, par la présence des objets, aux plus douloureuses inquiétudes, tout le reste du temps, livré par mes penchants aux affections qui m'attirent, mon cœur se nourrit encore des sentiments pour lesquels il était né, et j'en jouis avec des êtres imaginaires qui les produisent et qui les partagent, comme si ces êtres existaient réellement : ils existent pour moi qui les ai créés, et je ne crains ni qu'ils me trahissent ni qu'ils m'abandonnent ; ils dureront autant que mes malheurs mêmes, et suffiront pour me les faire oublier.

Tout me ramène à la vie heureuse et douce pour laquelle j'étais né : je passe

les trois quarts de ma vie, ou occupé
d'objets instructifs et même agréables
auxquels je livre avec délices mon esprit
et mes sens, ou avec les enfants de mes
fantaisies que j'ai créés selon mon cœur
et dont le commerce en nourrit les sentiments, ou avec moi seul, content de
moi-même, et déjà plein du bonheur que
je sens m'être dû. En tout ceci l'amour
de moi-même fait toute l'œuvre, l'amour-
propre n'y entre pour rien. Il n'en est
pas ainsi des tristes moments que je
passe encore au milieu des hommes,
jouet de leurs caresses traîtresses, de
leurs compliments ampoulés et dérisoi-
res, de leur mielleuse malignité : de
quelque façon que je m'y sois pu prendre, l'amour-propre alors fait son jeu.
La haine et l'animosité que je vois dans
leurs cœurs, à travers cette grossière
enveloppe, déchirent le mien de douleur ; et l'idée d'être ainsi sottement pris
pour dupe ajoute encore à cette douleur
un dépit très puéril, fruit d'un sot amour-
propre dont je sens toute la bêtise, mais
que je ne puis subjuguer. Les efforts

que j'ai faits pour m'aguerrir à ces
regards insultants et moqueurs sont incroyables : cent fois j'ai passé par les
promenades publiques et par les lieux
les plus fréquentés, dans l'unique dessein
de m'exercer à ces cruelles luttes ; non
seulement je n'y ai pu parvenir, mais je
n'ai même rien avancé, et tous mes pénibles mais vains efforts m'ont laissé
tout aussi facile à troubler, à navrer et
à indigner qu'auparavant.

Dominé par mes sens, quoi que je
puisse faire, je n'ai jamais su résister à
leurs impressions, et tant que l'objet
agit sur eux, mon cœur ne cesse d'en
être affecté ; mais ces affections passa-
gères ne durent qu'autant que la sensation qui les cause. La présence de
l'homme haineux m'affecte violemment ;
mais sitôt qu'il disparaît, l'impression
cesse : à l'instant que je ne le vois plus,
je n'y pense plus. J'ai beau savoir qu'il
va s'occuper de moi, je ne saurais m'occuper de lui ; le mal que je ne sens point
actuellement ne m'affecte en aucune
sorte ; le persécuteur que je ne vois

point est nul pour moi. Je sens l'avantage que cette position donne à ceux qui
disposent de ma destinée. Qu'ils en disposent donc tout à leur aise ; j'aime encore
mieux qu'ils me tourmentent sans résistance, que d'être forcé de penser à eux
pour me garantir de leurs coups.

Cette action de mes sens sur mon
cœur fait le seul tourment de ma vie.
Les lieux où je ne vois personne, je ne
pense plus à ma destinée, je ne la sens
plus, je ne souffre plus ; je suis heureux
et content sans diversion, sans obstacle.
Mais j'échappe rarement à quelque atteinte sensible ; et, lorsque j'y pense le
moins, un geste, un regard sinistre que
j'aperçois, un mot envenimé que j'entends, un malveillant que je rencontre,
suffit pour me bouleverser : tout ce que
je puis faire en pareil cas est d'oublier
bien vite et de fuir ; le trouble de mon
cœur disparaît avec l'objet qui l'a causé,
et je rentre dans le calme aussitôt que
je suis seul ; ou si quelque chose m'inquiète, c'est la crainte de rencontrer sur
mon passage quelque nouveau sujet de

douleur. C'est là ma seule peine ; mais elle suffit pour altérer mon bonheur. Je loge au milieu de Paris : en sortant de chez moi, je soupire après la campagne et la solitude ; mais il faut l'aller chercher si loin qu'avant de pouvoir respirer à mon aise, je trouve en mon chemin mille objets qui me serrent le cœur, et la moitié de la journée se passe en angoisses avant que j'aie atteint l'asile que je vais chercher. Heureux du moins quand on me laisse achever ma route ! Le moment où j'échappe au cortège des méchants est délicieux, et sitôt que je me vois sous les arbres, au milieu de la verdure, je crois me voir dans le paradis terrestre, et je goûte un plaisir interne aussi vif que si j'étais le plus heureux des mortels.

Je me souviens parfaitement que, durant mes courtes prospérités, ces mêmes promenades solitaires, qui me sont aujourd'hui si délicieuses, m'étaient insipides et ennuyeuses : quand j'étais chez quelqu'un à la campagne, le besoin de faire de l'exercice et de respirer le

grand air me faisait souvent sortir seul,
et, m'échappant comme un voleur, je
m'allais promener dans le parc ou dans
la campagne ; mais loin d'y trouver le
calme heureux que j'y trouve aujour-
d'hui, j'y portais l'agitation des vaines
idées qui m'avaient occupé dans le salon ; le souvenir de la compagnie que
j'y avais laissée m'y suivait. Dans la
solitude, les vapeurs de l'amour-propre
et le tumulte du monde ternissaient à
mes yeux la fraîcheur des bosquets et
troublaient la paix de la retraite :
j'avais beau fuir au fond des bois, une
foule importune m'y suivait partout, et
voilait pour moi toute la nature. Ce
n'est qu'après m'être détaché des passions sociales et de leur triste cortège
que je l'ai retrouvée avec tous ses
charmes.

Convaincu de l'impossibilité de contenir ces premiers mouvements invo-
lontaires, j'ai cessé tous mes efforts
pour cela : je laisse, à chaque atteinte,
mon sang s'allumer, la colère et l'indignation s'emparer de mes sens ; je cède

à la nature cette première explosion, que toutes mes forces ne pouvaient arrêter ni suspendre. Je tâche seulement d'en arrêter les suites avant qu'elle ait produit aucun effet. Les yeux étincelants, le feu du visage, le tremblement des membres, les suffocantes palpitations, tout cela tient au seul physique, et le raisonnement n'y peut rien. Mais, après avoir laissé faire au naturel sa première explosion, l'on peut redevenir son propre maître en reprenant peu à peu ses sens : c'est ce que j'ai tâché de faire longtemps sans succès, mais enfin plus heureusement ; et, cessant d'employer ma force en vaine résistance, j'attends le moment de vaincre en laissant agir ma raison, car elle ne me parle que quand elle peut se faire écouter. Eh ! que dis-je, hélas ! ma raison ? j'aurai grand tort encore de lui faire l'honneur de ce triomphe, car elle n'y a guère de part : tout vient également d'un tempérament versatile qu'un vent impétueux agite, mais qui rentre dans le calme à l'instant que le vent ne souffle plus ; c'est mon naturel indolent qui m'apaise. Je cède à toutes les impulsions présentes : tout choc me donne un mouvement vif et court ; sitôt qu'il n'y a plus de choc, le mouvement cesse, rien de communiqué ne peut se prolonger en moi. Tous les événements de la fortune, toutes les machines des hommes ont peu de prise sur un homme ainsi constitué ; pour m'affecter de peines durables, il faudrait que l'impression se renouvelât à chaque instant ; car les intervalles, quelque courts qu'ils soient, suffisent pour me rendre à moi-même. Je suis ce qu'il plaît aux hommes tant qu'ils peuvent agir sur mes sens ; mais, au premier instant de relâche, je redeviens ce que la nature a voulu : c'est là, quoi qu'on puisse faire, mon état le plus constant, et celui par lequel, en dépit de la destinée, je goûte un bonheur pour lequel je me sens constitué. J'ai décrit cet état dans une de mes rêveries. Il me convient si bien, que je ne désire autre chose que sa durée, et ne crains que de le voir troubler. Le mal que m'ont fait les hommes ne me touche en aucune sorte : la crainte seule de celui qu'ils peuvent me faire encore est capable de m'agiter ; mais, certain qu'ils n'ont plus de nouvelle prise par laquelle ils puissent m'affecter d'un sentiment permanent, je me ris de toutes leurs trames, et je jouis de moi-même en dépit d'eux.

NEUVIEME PROMENADE

E bonheur est un état permanent qui ne semble pas fait ici-bas pour l'homme : tout est sur la terre dans un flux continuel qui ne permet à rien d'y prendre une forme constante. Tout change autour de nous, nous changeons nous-mêmes, et nul ne peut s'assurer qu'il aimera demain ce qu'il aime

aujourd'hui ; ainsi tous nos projets de félicité pour cette vie sont des chimères. Profitons du contentement d'esprit quand il vient, gardons-nous de l'éloigner par notre faute ; mais ne faisons pas des projets pour l'enchaîner, car ces projets-là sont de pures folies ; j'ai peu vu d'hommes heureux, peut-être point ; mais j'ai souvent vu des cœurs contents, et, de tous les objets qui m'ont frappé, c'est celui qui m'a le plus contenté moi-même. Je crois que c'est une suite naturelle du pouvoir des sensations sur mes sentiments internes. Le bonheur n'a point d'enseigne extérieure : pour le connaître, il faudrait lire dans le cœur de l'homme heureux, mais le contentement se lit dans les yeux, dans le maintien, dans l'accent, dans la démarche, et semble se communiquer à celui qui l'aperçoit. Est-il une jouissance plus douce que de voir un peuple entier se livrer à la joie un jour de fête, et tous les cœurs s'épanouir aux rayons expansifs du plaisir qui passe rapidement, mais vivement, à travers les nuages de la vie ?

. . . .

Il y a trois jours que M. P... vint, avec un empressement extraordinaire, me montrer l'*Éloge de madame Geoffrin* par M. d'Alembert. La lecture fut précédée de longs et grands éclats de rire sur le ridicule néologisme de cette pièce et sur les badins jeux de mots dont il la disait remplie : il commença de lire en riant toujours. Je l'écoutais d'un sérieux qui le calma, et, voyant que je ne l'imitais point, il cessa enfin de rire. L'article le plus long et le plus recherché de cette pièce roulait sur le plaisir que prenait madame Geoffrin à voir les enfants et à les faire causer ; l'auteur tirait avec raison, de cette disposition, une preuve de bon naturel ; mais il ne s'arrêtait pas là, et il accusait décidément de mauvais naturel et de méchanceté tous ceux qui n'avaient pas le même goût, au point de dire que si l'on interrogeait là-dessus ceux qu'on mène au gibet ou à la roue, tous conviendraient qu'ils n'avaient pas aimé les enfants. Ces assertions faisaient un effet singulier dans la place où elles étaient. Supposant tout cela vrai, était-ce là l'occasion de le dire ? et fallait-il souiller l'éloge d'une femme estimable des images de supplices et de malfaiteurs ? Je compris aisément le motif de cette affectation vilaine ; et quand M. P. eut fini de lire, en relevant ce qui m'avait paru bien dans l'éloge, j'ajoutai que l'auteur, en l'écrivant, avait dans le cœur moins d'amitié que de haine.

Le lendemain, le temps étant assez beau, quoique froid, j'allai faire une course jusqu'à l'Ecole-Militaire, comptant d'y trouver des mousses en pleine fleur. En allant, je rêvais sur la visite de la veille et sur l'écrit de M. d'Alembert, où je pensais bien que le placage épisodique n'avait pas été mis sans dessein ; et la seule affectation de m'apporter cette brochure, à moi, à qui l'on cache tout, m'apprenait assez quel en était l'objet. J'avais mis mes enfants aux Enfants-Trouvés : c'en était assez pour m'avoir travesti en père dénaturé, et de

là, en étendant et caressant cette idée,
on en avait peu à peu tiré la conséquence évidente que je haïssais les
enfants ; en suivant par la pensée la
chaîne de ces gradations, j'admirais
avec quel art l'industrie humaine sait
changer les choses du blanc au noir ;
car je ne crois pas que jamais homme
ait plus aimé que moi à voir de petits
bambins folâtrer et jouer ensemble ; et
souvent, dans la rue et aux promenades,
je m'arrête à regarder leur espièglerie et
leurs petits jeux avec un intérêt que je
ne vois partager à personne. Le jour
même où vint M. P..., une heure avant
sa visite, j'avais eu celle des deux petits
du Soussoi, les plus jeunes enfants de
mon hôte, dont l'aîné peut avoir sept
ans : ils étaient venus m'embrasser de
si bon cœur, et je leur avais rendu si
tendrement leurs caresses, que, malgré
la disparité des âges, ils avaient paru se
plaire avec moi sincèrement, et, pour
moi, j'étais transporté d'aise de voir
que ma vieille figure ne les avait pas
rebuté ; le cadet même paraissait venir

à moi si volontiers que, plus enfant qu'eux, je me sentais attacher à lui déjà par préférence, et je le vis partir avec autant de regret que s'il m'eût appartenu.

Je comprends que le reproche d'avoir mis mes enfants aux Enfants-Trouvés a facilement dégénéré, avec un peu de tournure, en celui d'être un père dénaturé et de haïr les enfants : cependant, il est sûr que c'est la crainte d'une destinée pour eux mille fois pire, et presque inévitable par toute autre voie, qui m'a le plus déterminé dans cette démarche. Plus indifférent sur ce qu'ils deviendraient et hors d'état de les élever moi-même, il aurait fallu, dans ma situation, les laisser élever par leur mère, qui les aurait gâtés, et par sa famille, qui en aurait fait des monstres. Je frémis encore d'y penser : ce que Mahomet fit de Séide n'est rien auprès de ce qu'on aurait fait d'eux à mon égard, et les piè-ges qu'on m'a tendus là-dessus dans la suite me confirment assez que le projet en avait été formé. A la vérité, j'étais

bien éloigné de prévoir alors ces trames
atroces ; mais je savais que l'éducation
pour eux la moins périlleuse était celle
des Enfants-Trouvés, et je les y mis.
Je le ferais encore, avec bien moins de
doute aussi, si la chose était à faire ; et
je sais bien que nul père n'est plus tendre que je l'aurais été pour eux, pour
peu que l'habitude eût aidé la nature.

Si j'ai fait quelque progrès dans la
connaissance du cœur humain, c'est le
plaisir que j'avais à voir et observer les
enfants qui m'a valu cette connaissance.
Ce même plaisir, dans ma jeunesse, y a
mis une espèce d'obstacle, car je jouais
avec les enfants si gaiement et de si bon
cœur que je ne songeais guère à les étudier. Mais quand, en vieillisant, j'ai vu
que ma figure caduque les inquiétait, je
me suis abstenu de les importuner ; j'ai
mieux aimé me priver d'un plaisir que
de troubler leur joie ; et, content alors
de me satisfaire en regardant leurs jeux
et tous leurs petits manèges, j'ai trouvé
le dédommagement de mon sacrifice
dans les lumières que ces observations

m'ont fait acquérir sur les premiers et vrais mouvements de la nature, auxquels tous nos savants ne connaissent rien. J'ai consigné dans mes écrits la preuve que je m'étais occupé de cette recherche trop soigneusement pour ne l'avoir pas faite avec plaisir ; et ce serait assurément la chose du monde la plus incroyable que l'*Héloïse* et l'*Emile* fussent l'ouvrage d'un homme qui n'aimait pas les enfants.

Je n'eus jamais ni présence d'esprit, ni facilité de parler ; mais, depuis mes malheurs, ma langue et ma tête se sont de plus en plus embarrassées ; l'idée et le mot propre m'échappent également, et rien n'exige un meilleur discernement et un choix d'expressions plus justes que les propos qu'on tient aux enfants. Ce qui augmente encore en moi cet embarras est l'attention des écoutants, les interprétations et le poids qu'ils donnent à tout ce qui part d'un homme qui, ayant écrit expressément pour les enfants, est supposé ne devoir leur parler que par oracle : cette gêne

extrême et l'inaptitude que je me sens
me trouble, me déconcerte, et je serais
bien plus à mon aise devant un monar-
que d'Asie que devant un bambin qu'il
faut faire babiller.

Un autre inconvénient me tient
maintenant plus éloigné d'eux, et, depuis mes malheurs, je les vois toujours
avec le même plaisir, mais je n'ai plus
avec eux la même familiarité. Les enfants n'aiment pas la vieillesse : l'aspect
de la nature défaillante est hideux à
leurs yeux ; leur répugnance que j'aperçois me navre, et j'aime mieux m'abstenir de les caresser que de leur donner
de la gêne ou du dégoût. Ce motif, qui
n'agit que sur les âmes vraiment
aimantes, est nul pour tous nos doc-
teurs et doctoresses. Madame Geoffrin
s'embarrassait fort peu que les enfants
eussent du plaisir avec elle, pourvu
qu'elle en eût avec eux ; mais, pour moi,
ce plaisir est pis que nul ; il est négatif
quand il n'est pas partagé ; et je ne suis
plus dans la situation ni dans l'âge
où je voyais le petit cœur d'un enfant

s'épanouir avec le mien. Si cela pouvait m'arriver encore, ce plaisir, devenu plus rare, n'en serait pour moi que plus vif ; je l'éprouvais bien, l'autre matin, par celui que je prenais à caresser les petits du Soussoi, non seulement parce que la bonne qui les conduisait ne m'en imposait pas beaucoup, et que je sentais moins le besoin de m'écouter devant elle, mais encore parce que l'air jovial avec lequel ils m'abordèrent ne les quitta point, et qu'ils ne parurent ni se déplaire ni s'ennuyer avec moi.

Oh ! si j'avais encore quelques moments de pures caresses qui vinssent du cœur, ne fût-ce que d'un enfant encore en jaquette ; si je pouvais voir encore dans quelques yeux la joie et le contentement d'être avec moi, de combien de maux et de peines ne me dédommageraient pas ces courts mais doux épanchements de mon cœur ? Ah ! je ne serais pas obligé de chercher parmi les animaux le regard de la bienveillance, qui m'est désormais refusé parmi les humains. J'en puis juger sur

bien peu d'exemples, mais toujours chers
à mon souvenir : en voici un qu'en tout
autre état j'aurais oublié presque, et
dont l'impression qu'il a faite sur moi
peint bien toute ma misère.

Il y a deux ans que, m'étant allé
promener du côté de la Nouvelle
France, je poussai plus loin ; puis, tirant
à gauche et voulant tourner autour de
Montmartre, je traversai le village de
Clignancourt ; je marchais distrait et
rêvant sans regarder autour de moi,
quand tout à coup je me sentis saisir
les genoux. Je regarde, et je vois un
petit enfant de cinq à six ans qui serrait
mes genoux de toute sa force, en me
regardant d'un air si familier et si caressant que mes entrailles s'émurent ; je
me disais : C'est ainsi que j'aurais été
traité des miens. Je pris l'enfant dans
mes bras, je le baisai plusieurs fois dans
une espèce de transport, et puis je continuai mon chemin. Je sentais en marchant qu'il me manquait quelque chose :
un besoin naissant me ramenait sur mes
pas ; je me reprochais d'avoir quitté

si brusquement cet enfant, je croyais
voir dans son action, sans cause appa-
rente, une sorte d'inspiration qu'il ne
fallait pas dédaigner. Enfin, cédant à
la tentation, je reviens sur mes pas, je
cours à l'enfant, je l'embrasse de nouveau
et je lui donne de quoi acheter des petits pains de Nanterre, dont le mar-
chand passait là par hasard, et je commençai à le faire jaser. Je lui demandai
qui était son père ; il me le montra qui
reliait des tonneaux. J'étais prêt à
quitter l'enfant pour aller lui parler,
quand je vis que j'avais été prévenu
par un homme de mauvaise mine, qui
me parut être une de ces mouches qu'on
tient sans cesse à mes trousses ; tandis
que cet homme lui parlait à l'oreille, je
vis les regards du tonnelier se fixer
attentivement sur moi, d'un air qui
n'avait rien d'amical. Cet objet me res-
serra le cœur à l'instant, et je quittai
le père et l'enfant avec plus de promp-
titude que je n'en avais mis à revenir
sur mes pas, mais dans un trouble moins
agréable qui changea toutes mes dispo-

sitions. Je les ai pourtant sentis renaître souvent depuis lors : je suis repassé
plusieurs fois par Clignancourt, dans
l'espérance d'y revoir cet enfant ; mais
je n'ai plus revu ni lui ni le père, et il ne
m'est plus resté de cette rencontre
qu'un souvenir assez vif, mêlé toujours
de douceur et de tristesse, comme toutes les émotions qui pénètrent encore
quelquefois jusqu'à mon cœur.

Il y a compensation à tout : si mes
plaisirs sont rares et courts, je les goûte
aussi plus vivement quand ils viennent
que s'ils m'étaient plus familiers ; je les
rumine, pour ainsi dire, par de fréquents souvenirs, et, quelque rares
qu'ils soient, s'ils étaient purs et sans
mélange, je serais plus heureux peut-
être que dans ma prospérité. Dans l'extrême misère on se trouve riche de peu :
un gueux qui trouve un écu en est plus
affecté que ne le serait un riche en trouvant une boursed 'or. On rirait si l'on
voyait dans mon âme l'impression qu'y
font les moindres plaisirs de cette
espèce, que je puis dérober à la vigi-

lance de mes persécuteurs : un des plus doux s'offrit il y a quatre ou cinq ans, que je ne me rappelle jamais sans me sentir ravi d'aise d'en avoir si bien profité.

Un dimanche nous étions allés, ma femme et moi, dîner à la porte Maillot : après le dîner nous traversâmes le bois de Boulogne jusqu'à la Muette ; là, nous nous assîmes sur l'herbe, à l'ombre, en attendant que le soleil fût baissé, pour nous en retourner ensuite tout doucement par Passy. Une vingtaine de petites filles, conduites par une manière de religieuse, vinrent, les unes s'asseoir, les autres folâtrer assez près de nous. Durant leurs jeux, vint à passer un oublieur avec son tambour et son tourniquet, qui cherchait pratique : je vis que les petites filles convoitaient fort les oublies, et deux ou trois d'entre elles, qui apparemment possédaient quelques liards, demandèrent la permission de jouer. Tandis que la gouvernante hésitait et disputait, j'appelai l'oublieur et je lui dis : Faites tirer toutes ces demoiselles chacune à son tour, et je vous paierai le tout. Ce mot répandit dans toute la troupe une joie qui seule eût plus que payé ma bourse, quand je l'aurais toute employée à cela.

Comme je vis qu'elles s'empressaient avec un peu de confusion, avec l'agrément de la gouvernante, je les fis ranger toutes d'un côté, et puis passer de l'autre côté, l'une après l'autre, à mesure qu'elles avaient tiré. Quoiqu'il n'y eût point de billet blanc et qu'il revînt au moins une oublie à chacune de celles qui n'auraient rien, qu'aucune d'elles ne pouvait donc être absolument mécontente, afin de rendre la fête encore plus gaie, je dis en secret à l'oublieur d'user de son adresse ordinaire en sens contraire, en faisant tomber autant de bons lots qu'il pourrait, et que je lui en tiendrais compte. Au moyen de cette prévoyance, il y eût près d'une centaine d'oublies distribuées, quoique les jeunes filles ne tirassent chacune qu'une seule fois ; car là-dessus je fus inexorable, ne voulant ni favoriser des abus, ni marquer des préférences qui produiraient des mécontentements. Ma femme insinua à celles qui avaient de bons lots d'en faire part à leurs camarades, au moyen de quoi le partage devint presque égal, et la joie fut générale.

Je priai la religieuse de tirer à son tour, craignant fort qu'elle ne rejetât dédaigneusement mon offre ; elle l'accepta de bonne grâce, tira comme les pensionnaires et prit sans façon ce qui lui revint. Je lui en sus un gré infini, et je trouvai à cela une sorte de politesse qui me plut fort, et qui vaut bien, je crois, celle des simagrées. Pendant toute cette opération, il y eut des disputes qu'on porta devant mon tribunal ; et ces petites filles, venant plaider tour à tour leur cause, me donnèrent occasion de remarquer que, quoiqu'il n'y en eût aucune de jolie, la gentillesse de quelques-unes faisait oublier leur laideur.

Nous nous quittâmes enfin très con-

tents les uns des autres, et cet après-
midi fut une de celles de ma vie dont je
me rappelle le souvenir avec le plus de
satisfaction. La fête, au reste, ne fut pas
ruineuse : pour trente sols qu'il m'en
coûta tout au plus, il y eut pour plus de
cent écus de contentement ; tant il est
vrai que le plaisir ne se mesure pas sur
la dépense, et que la joie est plus amie
des liards que des louis. Je suis revenu
plusieurs autres fois à la même place,
à la même heure, espérant d'y rencontrer encore la petite troupe ; mais cela
n'est plus arrivé.

Ceci me rappelle un autre amusement
à peu près de même espèce dont le
souvenir m'est resté de beaucoup plus
loin. C'était le malheureux temps où,
faufilé parmi les riches et les gens de
lettres, j'étais quelquefois réduit à partager leurs tristes plaisirs. J'étais à la
Chevrette au temps de la fête du maître
de la maison : toute sa famille s'était
réunie pour la célébrer, et tout l'éclat
des plaisirs bruyants fut mis en œuvre
pour cet effet. Spectacles, festins, feux

d'artifice, rien ne fut épargné. L'on n'avait pas le temps de prendre haleine, et l'on s'étourdissait au lieu de s'amuser. Après le dîner on alla prendre l'air dans l'avenue, où se tenait une espèce de foire. On dansait ; les messieurs daignèrent danser avec les paysannes, mais les dames gardèrent leur dignité. On vendait là des pains d'épice. Un jeune homme de la compagnie s'avisa d'en acheter, pour les lancer l'un après l'autre au milieu de la foule ; et l'on prit tant de plaisir à voir tous ces manants se précipiter, se battre, se renverser pour en avoir, que tout le monde voulut se donner le même plaisir. Et pains d'épice de voler à droite et à gauche, et filles et garçons de courir, de s'entasser et s'estropier. Cela paraissait charmant à tout le monde. Je fis comme les autres par mauvaise honte, quoique en dedans je ne m'amusasse pas autant qu'eux. Mais, bientôt ennuyé de vider ma bourse pour faire écraser les gens, je laissai là la bonne compagnie et je fus me promener seul dans la foire. La va-

riété des objets m'amusa longtemps.
J'aperçus entre autres cinq ou six Savoyards, autour d'une petite fille qui
avait encore sur son éventaire une dou-
zaine de chétives pommes, dont elle
aurait bien voulu se débarrasser ; les
Savoyards, de leur côté, auraient bien
voulu l'en débarrasser ; mais ils n'avaient
que deux ou trois liards à eux tous, et
ce n'était pas de quoi faire une grande
brèche aux pommes. Cet éventaire était
pour eux le jardin des Hespérides, et la
petite fille était le dragon qui les gardait.
Cette comédie m'amusa longtemps ;
j'en fis enfin le dénouement en payant
les pommes à la petite fille et les lui
faisant distribuer aux petits garçons.
J'eus alors un des plus doux spectacles
qui puissent flatter un cœur d'homme,
celui de voir la joie unie avec l'innocence
de l'âge se répandre tout autour de moi.
Car les spectateurs même, en la voyant,
la partagèrent ; et moi, qui partageais
à si bon marché cette joie, j'avais de
plus celle de sentir qu'elle était mon
ouvrage.

En comparant cet amusement avec ceux que je venais de quitter, je sentais avec satisfaction la différence qu'il y a des goûts sains et des plaisirs naturels à ceux que fait naître l'opulence, et qui ne sont guère que des plaisirs de moquerie et des goûts exclusifs engendrés par le mépris. Car, quelle sorte de plaisir pouvait-on prendre à voir des troupeaux d'hommes avilis par la misère s'entasser, s'étouffer, s'estropier brutalement, pour s'arracher avidement quelques morceaux de pains d'épice foulés aux pieds et couverts de boue ?

De mon côté, quand j'ai bien réfléchi sur l'espèce de volupté que je goûtais dans ces sortes d'occasions, j'ai trouvé qu'elle consistait moins dans un sentiment de bienfaisance que dans le plaisir de voir des visages contents. Cet aspect à pour moi un charme qui, bien qu'il pénètre jusqu'à mon cœur, semble être uniquement de sensation. Si je ne vois la satisfication que je cause, quand même j'en serais sûr, je n'en jouirais qu'à demi. C'est même pour moi un

plaisir désintéressé, qui ne dépend pas
de la part que j'y puis avoir ; car, dans
les fêtes du peuple, celui de voir des visages gais m'a toujours vivement attiré.
Cette attente a pourtant été souvent
frustrée en France, où cette nation, qui
se prétend si gaie, montre peu cette
gaieté dans ses yeux. Souvent j'allais
jadis aux guinguettes, pour y voir danser le menu peuple ; mais ses danses
étaient si maussades, son maintien si
dolent, si gauche, que j'en sortais plutôt
contristé que réjoui. Mais à Genève et
en Suisse, où le rire ne s'évapore pas
sans cesse en folles malignités, tout respire le contentement et la gaieté dans les
fêtes. La misère n'y porte point son
hideux aspect ; le faste n'y montre pas
non plus son insolence : le bien-être, la
fraternité, la concorde y disposent les
cœurs à s'épanouir ; et souvent, dans
les transports d'une innocente joie, les
inconnus s'accostent, s'embrassent, et
s'invitent à jouir de concert des plaisirs
du jour. Pour jouir moi-même de ces
aimables fêtes, je n'ai pas besoin d'en

être. Il me suffit de les voir ; en les voyant, je les partage ; et, parmi tant de visages gais, je suis bien sûr qu'il n'y a pas un cœur plus gai que le mien.

Quoique ce ne soit là qu'un plaisir à sensation, il a certainement une cause morale ; et la preuve en est que ce même aspect, au lieu de me flatter, de me plaire, peut me déchirer de douleur et d'indignation, quand je sais que ces signes de plaisir et de joie sur les visages des méchants ne sont que des marques que leur malignité est satisfaite. La joie innocente est la seule dont les signes flattent mon cœur. Ceux de la cruelle et moqueuse joie le navrent et l'affligent, quoiqu'elle n'ait nul rapport à moi. Ces signes, sans doute, ne sauraient être exactement les mêmes, partant de principes si différents ; mais enfin, ce sont également des signes de joie, et leurs différences sensibles ne sont assurément pas proportionnelles à celles des mouvements qu'ils excitent en moi.

Ceux de douleur et de peine me sont

encore plus sensibles, au point qu'il m'est impossible de les soutenir sans être agité moi-même d'émotions peut-être encore plus vives que celles qu'ils représentent. L'imagination, renforçant la sensation, m'identifie avec l'être souffrant et me donne souvent plus d'angoisse qu'il n'en sent lui-même. Un visage mécontent est encore un spectacle qu'il m'est impossible de soutenir, surtout si j'ai lieu de penser que ce mécontentement me regarde. Je ne saurais dire combien l'air grognard et maussade des valets qui servent en rechignant m'a arraché d'écus dans les maisons où j'avais autrefois la sottise de me laisser entraîner, et où les domestiques m'ont toujours fait payer bien chèrement l'hospitalité des maîtres. Toujours trop affecté des objets sensibles, et surtout de ceux qui portent signe de plaisir ou de peine, de bienveillance ou d'aversion, je me laisse entraîner par ces impressions extérieures, sans pouvoir jamais m'y dérober autrement que par la fuite. Un signe, un geste, un coup d'œil d'un inconnu, suffit pour troubler mes plaisirs ou calmer mes peines. Je ne suis à moi que quand je suis seul ; hors de là, je suis le jouet de tous ceux qui m'entourent.

Je vivais jadis avec plaisir dans le monde, quand je ne voyais dans tous les yeux que bienveillance, ou, tout au pis, indifférence dans ceux à qui j'étais inconnu ; mais aujourd'hui qu'on ne prend pas moins de peine à montrer mon visage au peuple qu'à lui masquer mon naturel, je ne puis mettre le pied dans la rue sans m'y voir entouré d'objets déchirants. Je me hâte de gagner à grands pas la campagne ; sitôt que je vois la verdure, je commence à respirer. Faut-il s'étonner si j'aime la solitude ? Je ne vois qu'animosité sur les visages des hommes, et la nature me rit toujours.

Je sens pourtant encore, il faut l'avouer, du plaisir à vivre au milieu des hommes tant que mon visage leur est inconnu. Mais c'est un plaisir qu'on ne me laisse guère. J'aimais encore, il y a quelques années, à traverser les villages et à voir au matin les laboureurs racommoder leurs fléaux, ou les femmes sur leur porte avec leurs enfants. Cette vue avait je ne sais quoi qui touchait mon cœur. Je m'arrêtais quelquefois, sans y prendre garde, à regarder les petits manèges de ces bonnes gens, et je me sentais soupirer sans savoir pourquoi. J'ignore si l'on m'a vu sensible à ce petit plaisir, et si l'on a voulu me l'ôter encore ; mais, au changement que j'aperçois sur les physionomies à mon passage, et à l'air dont je suis regardé, je suis bien forcé de comprendre qu'on a pris grand soin de m'ôter cet incognito. La même chose m'est arrivée d'une façon plus marquée encore aux Invalides. Ce bel établissement m'a toujours intéressé. Je ne vois jamais sans attendrissement et vénération ces groupes de bons vieillards qui peuvent dire, comme ceux de Lacédémone :

> Nous avons été jadis
> Jeunes, vaillants et hardis.

Une de mes promenades favorites

était autour de l'Ecole-Militaire, et je rencontrais avec plaisir, ça et là quelques invalides qui, ayant conservé l'ancienne honnêteté militaire, me saluaient en passant. Ce salut, que mon cœur leur rendait au centuple, me flattait et augmentait le plaisir que j'avais à les voir. Comme je ne sais rien cacher de ce qui me touche, je parlais souvent des invalides et de la façon dont leur aspect m'affectait. Il n'en fallut pas davantage. Au bout de quelque temps je m'aperçus que je n'étais plus un inconnu pour eux, ou plutôt que je leur étais bien davantage, puisqu'ils me voyaient du même œil que fait le public. Plus d'honnêteté, plus de salutations. Un air repoussant, un regard farouche avaient succédé à leur première urbanité. L'ancienne franchise de leur métier ne leur laissant pas comme aux autres couvrir leur animosité d'un masque ricaneur et traître, ils me montrent tout ouvertement la plus violente haine ; et tel est l'excès de ma misère que je suis forcé de distinguer dans mon estime ceux qui me déguisent le moins leur fureur.

Depuis lors, je me promène avec moins de plaisir du côté des Invalides : cependant, comme mes sentiments pour eux ne dépendent pas des leurs pour moi, je ne vois jamais sans respect et sans intérêt ces anciens défenseurs de leur patrie : mais il m'est bien dur de me voir si mal payé de leur part de la justice que je leur rends.. Quand, par hasard, j'en rencontre quelqu'un qui a échappé aux instructions communes, ou qui, ne connaissant pas ma figure, ne me montre aucune aversion, l'honnête salutation de ce seul-là me dédommage du maintien rébarbatif des autres. Je les oublie pour ne m'occuper que de lui, et je m'imagine qu'il a une de ces âmes comme la mienne, où la haine ne saurait pénétrer. J'eus encore ce plaisir, l'année dernière en passant l'eau pour aller me promener à l'île aux Cygnes. Un pauvre vieux invalide, dans un bateau, attendait compagnie pour traverser. Je me présentai, je dis au batelier de partir. L'eau était forte et la

traversée fut longue. Je n'osais presque
pas adresser la parole à l'invalide, de
peur d'être rudoyé et rebuté comme à
l'ordinaire ; mais son air honnête me
rassura. Nous causâmes. Il me parut
homme de sens et de mœurs. Je fus
surpris et charmé de son ton ouvert et
affable. Je n'étais pas accoutumé à
tant de faveur. Ma surprise cessa quand
j'appris qu'il arrivait tout nouvellement
de province. Je compris qu'on ne lui
avait pas encore montré ma figure et
donné ses instructions. Je profitai de
cet incognito pour converser quelques
moments avec un homme, et je sentis, à
la douceur que j'y trouvais, combien la
rareté des plaisirs les plus communs est
capable d'en augmenter le prix. En
sortant du bateau, il préparait ses deux
pauvres liards. Je payai le passage, et
le priai de les resserrer, en tremblant de
le cabrer. Cela n'arriva point ; au contraire, il parut sensible à mon attention,
et surtout à celle que j'eus encore,
comme il était plus vieux que moi, de
lui aider à sortir du bateau. Qui croi-

rait que je fus assez enfant pour en pleurer d'aise ? Je mourais d'envie de lui mettre une pièce de vingt-quatre sols dans la main pour avoir du tabac ; je n'osai jamais. La même honte qui me retint m'a souvent empêché de faire de bonnes actions, qui m'auraient comblé de joie, et dont je ne me suis abstenu qu'en déplorant mon imbécillité. Cette fois, après avoir quitté mon vieux invalide, je me consolai bientôt en pensant que j'aurais, pour ainsi dire, agi contre mes propres principes, en mêlant aux choses honnêtes un prix d'argent qui dégrade leur noblesse et souille leur désintéressement. Il faut s'empresser de secourir ceux qui en ont besoin ; mais, dans le commerce ordinaire de la vie, laissons la bienveillance naturelle et l'urbanité faire chacune leur œuvre, sans que jamais rien de vénal et de mercantile ose approcher d'une si pure source pour la corrompre ou pour l'altérer. On dit qu'en Hollande le peuple se fait payer pour vous dire l'heure et pour vous montrer le chemin : ce doit

17

être un bien méprisable peuple que celui qui trafique ainsi des plus simples devoirs de l'humanité.

J'ai remarqué qu'il n'y a que l'Europe seule où l'on vende l'hospitalité. Dans toute l'Asie on vous loge gratuitement. Je comprends qu'on n'y trouve pas si bien toutes ses aises ; mais n'est-ce rien que de se dire : Je suis homme et reçu chez des humains ; c'est l'humanité pure qui me donne le couvert ; les petites privations s'endurent sans peine, quand le cœur est mieux traité que le corps.

DIXIÉME PROMENADE

UJOURD'HUI, jour de Pâques fleuries, il y a précisément cinquante ans de ma première connaissance avec madame de Warens. Elle avait vingt-huit ans alors, étant née avec le siècle. Je n'en avais pas encore dix-sept, et mon tempérament naissant, mais que j'ignorais encore, donnait une nouvelle chaleur à un cœur naturellement plein de vie. S'il n'était pas étonnant qu'elle conçût de la bienveillance pour un jeune homme vif, mais doux et modeste, d'une figure assez agréable, il l'était encore moins qu'une femme charmante, pleine d'esprit et de grâces, m'inspirât, avec la reconnaissance, des sentiments plus tendres, que je ne distinguais pas.

Mais ce qui est moins ordinaire est que ce premier moment décida de moi pour toute ma vie et produisit, par un enchaînement inévitable, le destin du reste de mes jours. Mon âme, dont mes organes n'avaient point développé les plus précieuses facultés, n'avait encore aucune forme déterminée. Elle attendait dans une sorte d'impatience le moment qui devait la lui donner, et ce moment, accéléré par cette rencontre, ne vint pourtant pas sitôt, et, dans la simplicité de mœurs que l'éducation m'avait donnée, je vis longtemps prolonger pour moi cet état délicieux mais rapide, où l'amour et l'innocence habitent le même cœur. Elle m'avait éloigné. Tout me rappelait à elle : il y fallut revenir.

Ce retour fixa ma destinée, et, longtemps encore avant de la posséder, je
ne vivais plus qu'en elle et pour elle.
Ah ! si j'avais suffit à son cœur comme
elle suffisait au mien, quels paisibles et
délicieux jours nous eussions coulés
ensemble ! Nous en avons passé de
tels ; mais qu'ils ont été courts et rapides, et quel destin les a suivis ! Il n'y
a pas de jour où je ne me rappelle avec
joie et attendrissement cet unique et
court temps de ma vie où je fus moi,
pleinement, sans mélange et sans obstacle, et où je puis véritablement dire
avoir vécu.

Je puis dire à peu près comme ce pré-
fet du prétoire qui, disgracié sous Ves-
pasien, s'en alla finir paisiblement ses
jours à la campagne : « J'ai passé
soixante et dix ans sur la terre, et j'en
ai vécu sept. » Sans ce court mais précieux espace, je serais resté peut-être
incertain sur moi ; car tout le reste de
ma vie, facile et sans résistance, j'ai été
tellement agité, ballotté, tiraillé par les
passions d'autrui, que, presque passif

dans une vie aussi orageuse, j'aurais peine à démêler ce qu'il y a du mien dans ma propre conduite, tant la dure nécessité n'a cessé de s'appesantir sur moi. Mais, durant ce petit nombre d'années, aimé d'une femme pleine de complaisance et de douceur, je fis ce que je voulais faire, je fus ce que je voulais être, et, par l'emploi que je fis de mes loisirs, aidé de ses leçons et de son exemple, je sus donner à mon âme, encore simple et neuve, la forme qui lui convenait davantage, et qu'elle à gardée toujours.

Le goût de la solitude et de la contemplation naquit dans mon cœur avec les sentiments expansifs et tendres faits pour être son aliment. Le tumulte et le bruit les resserrent et les étouffent ; le calme et la paix les raniment et les exaltent·

J'ai besoin de me recueillir pour aimer. J'engageai maman à vivre à la campagne. Une maison isoléee au penchant d'un vallon, fut notre asile ; et c'est là que, dans l'espace de quatre ou cinq ans, j'ai joui d'un siècle de vie et d'un bonheur pur et plein, qui couvre de son charme tout ce que mon sort présenta d'affreux. J'avais besoin d'une amie selon mon cœur : je la possédais. J'avais désiré la campagne : je l'avais obtenue. Je ne pouvais souffrir l'assujettissement : j'étais parfaitement libre, et mieux que libre, car, assujetti par mes seuls attachements, je ne faisais que ce que je voulais faire. Tout mon temps était rempli par des soins affectueux ou par des occupations champêtres. Je ne désirais rien que la continuation d'un état si doux ; ma seule peine était la crainte qu'il ne durât pas longtemps, et cette crainte, née de la gêne de notre situation, n'était pas sans fondement.

Dès lors je songeai à me donner en même temps des diversions sur cette inquiétude, et des ressources pour en prévenir l'effet. Je pensais qu'une provision de talents était la plus sûre ressource contre la misère, et je résolus d'employer mes loisirs à me mettre en

état, s'il était possible, de rendre un
jour à la meilleure des femmes l'assistance que j'en avais reçue. . . . .
. . . .

TABLE DES MATIÈRES

Cet ouvrage, imprimé sur les presses de
l'Imprimerie d'Art « LE CROQUIS »
6, rue Bezout, Paris, pour la librairie
LEMERCIER, 5, Place Victor-Hugo, Paris,
à été tiré à : 1 Exemplaire sur vieux Japon,
contenant tous les dessins originaux de
Maximilien Vox — portant le numéro 1.
20 Exemplaires sur Japon impérial, contenant
une suite des Illustrations, numérotés de 2 à 21.
30 Exemplaires sur Hollande Van Gelder,
contenant une suite des Illustrations,
numérotés de 22 à 51.
1.000 Exemplaires sur Vélin à la Cuve,
Montgolfier d'Annonay, numérotés de
52 à 1051
30 Exemplaires Hors Commerce, sur divers
papiers, numérotés de I à XXX.

www.ingramcontent.com/pod-product-compliance
Lightning Source LLC
LaVergne TN
LVHW021151050726
842519LV00002B/583